SUDOKU GAMES for Clever Kids

Puzzles and solutions
by Dr Gareth Moore

B.Sc (Hons) M.Phil Ph.D

Illustrations and cover
artwork by Chris Dickason

Designed by Tall Tree Ltd

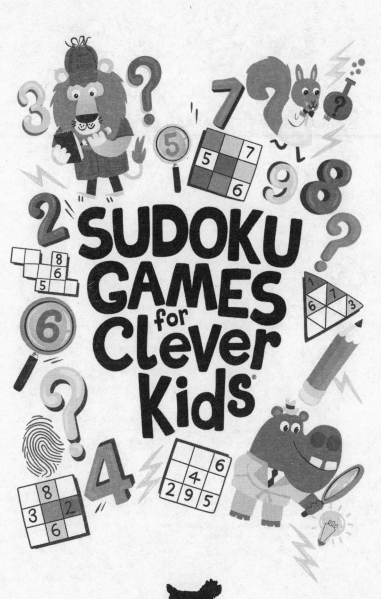

SUDOKU GAMES for Clever Kids

Buster Books

First published in Great Britain in 2020 by Buster Books,
an imprint of Michael O'Mara Books Limited,
9 Lion Yard, Tremadoc Road, London SW4 7NQ

W www.mombooks.com/buster
f Buster Books
🐦 @BusterBooks
📷 @buster_books

Clever Kids is a trade mark of Michael O'Mara Books Limited.

Puzzles and solutions © Gareth Moore

Illustrations and layouts © Buster Books 2020

A CIP catalogue record for this book is available from the British Library.

ISBN: 978-1-78055-665-9

2 4 6 8 10 9 7 5 3

Papers used by Buster Books are natural, recyclable products
made from wood grown in sustainable forests. The manufacturing processes
conform to the environmental regulations of the country of origin.

Printed and bound in November 2021 by CPI Group (UK) Ltd,
108 Beddington Lane, Croydon, CR0 4YY, United Kingdom

MIX
Paper from
responsible sources
FSC
www.fsc.org   FSC® C171272

INTRODUCTION

Get ready to go on a brain-boosting
adventure in this fun-filled book!

To complete each puzzle, you will need to fill in the missing
numbers (and, in a few cases, letters). There are instructions on
the next few pages that show you how to solve a sudoku puzzle.

The puzzles are arranged so that they get more difficult as you
work your way through the book. So start with the easy 4x4
puzzles before moving on to something a little trickier. Once
you've mastered the 'normal' sudoku puzzles, there are also
a whole host of fiendish variations, including slash sudoku,
samurai sudoku, windoku and even 3-D star sudoku puzzles.

Start by reading the instructions at the beginning of each
chapter. Sometimes this is the hardest part of the puzzle, so
don't worry if you have to read the instructions a few times
to be clear on what they mean.

INTRODUCTION →

At the top of every page, there is a space for you to write
how much time it took you to complete the puzzle on your first
go. If you come back at a later date to try it again, you
could then see if you've got faster at it.

All the answers are at the back of the book
if you get really stuck.

Good luck, and have fun!

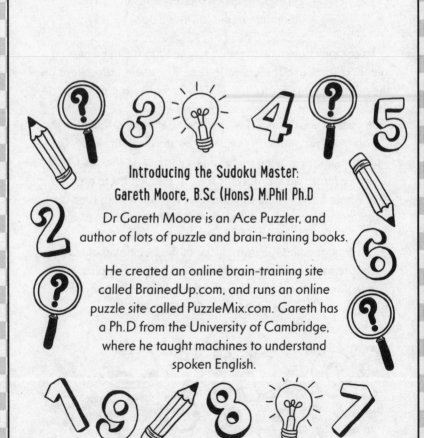

Introducing the Sudoku Master:
Gareth Moore, B.Sc (Hons) M.Phil Ph.D

Dr Gareth Moore is an Ace Puzzler, and
author of lots of puzzle and brain-training books.

He created an online brain-training site
called BrainedUp.com, and runs an online
puzzle site called PuzzleMix.com. Gareth has
a Ph.D from the University of Cambridge,
where he taught machines to understand
spoken English.

WHAT IS SUDOKU?

Sudoku is one of the most famous types of logic puzzle, played in every country of the world. One reason it's popular is because the rules are so easy to understand, and yet the puzzles can turn out to require lots of clever, fun logic to solve them.

Sudoku is called a 'logic' puzzle because you can always work out what to do next by thinking carefully. You won't need to guess to solve the puzzles because there is always a logical next step, even if it's sometimes hard to find. Every puzzle has only one solution, so if your answer doesn't match the solution at the back then you must have placed a number which breaks the rules somewhere.

THE RULES OF SUDOKU

The rules are very simple, once you understand them. For the smallest sudoku in this book, they are:

Place a digit from 1 to 4 into each empty square, so no digit repeats in any row, column or bold-lined 2×2 box.

Let's see what exactly this means on the next page ...

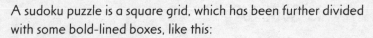

A sudoku puzzle is a square grid, which has been further divided with some bold-lined boxes, like this:

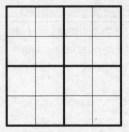

It consists in this case of four rows, four columns and four boxes:

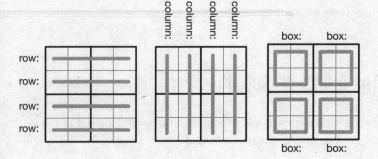

The aim of the puzzle is to fill the grid so that numbers don't repeat in any of the regions highlighted with lines above. We often call these numbers 'digits' to help make clear that there is no mathematics in sudoku. You could be placing letters, shapes, pictures or indeed anything you like into the grid – and in fact in some of the puzzles later in this book you will place letters, too.

HOW TO SOLVE A SUDOKU PUZZLE

In a sudoku puzzle, some numbers are given already – and
these numbers are known as 'givens' for that very reason.
Here's an example:

			2
	4		
		3	
1			

To solve this puzzle, you now need to write a digit from 1 to 4
into every empty square so that no digit repeats in any of the
rows, columns or bold-lined boxes.

You can start anywhere you like, but as an example let's look at
the 1 in the bottom row first of all. Because it's in the bottom row
already, you know that none of the empty squares in that bottom
row can contain a 1 too, as shown by this line:

			2
	4		
		3	
1			

You also know that you have to place four different digits into each box of four squares, so there must be a 1 in the bottom-right box somewhere. There's only one place left it can fit, so you can write it in:

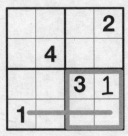

Now you can do the same thing with the first column, where the existing 1 means that you can't place a 1 anywhere else in the column, so there's only one place it can fit in the highlighted bold-lined box:

You can also now place a 1 into the top-right box due to the combined effect of both of the 1s you just placed:

Notice that you now have four 1s in the grid, which means that all of the 1s are now placed because, in a 4x4 puzzle, we have four of each digit. You just have the 2s, 3s and 4s left to place. The 2 in the top-right bold-lined box lets you place two more 2s into the grid:

	1		**2**
2	**4**	1	
		3	1
1		2	

And then these two 2s also allow the final, fourth 2 to be placed:

	1		**2**
2	**4**	1	
	2	**3**	1
1		2	

Now look at the top-left bold-lined box. There is only one square left to be filled, so it must contain a 3, since you already have a 1, 2 and 4 in this box:

3	1		2
2	**4**	1	
	2	**3**	1
1		2	

Now you can use either of the 3s to work out where the two remaining 3s must be placed. For example:

3	1		2
2	4	1	3
	2	3	1
1	3	2	

And finally, with just three 4s to be placed into the grid, you can complete the puzzle:

3	1	4	2
2	4	1	3
4	2	3	1
1	3	2	4

TRICKIER SUDOKU

As you start to solve sudoku you'll begin to find solving methods of your own, since sometimes you'll need more complicated logic than was needed for the example puzzle.

If you ever get stuck, a good thing to do is to check each row, column and bold-lined box to see if there is only one place a digit can fit in that region. You can also check each individual square, to see if there's only one digit that can fit into it.

One technique that can be useful with bigger puzzles is to write small 'pencil mark' notes into squares, showing which digits can fit into them. This can be helpful to make it easier to see all the places a digit can – and can't – fit in a region. It's best to only write in pencil marks once you are stuck, however, since otherwise your puzzle can start to get filled with so many pencil-mark numbers that it becomes really hard to read them clearly!

BIGGER SUDOKU

Most of the sudoku puzzles in this book are larger than 4x4, but whatever the size of the puzzle they all work in the same way – except that they get bigger and have more digits to place. Instructions are given at the start of each section, so check these as you work through to make sure you have the correct rules for each type of puzzle.

Towards the back of the book there are some special versions of sudoku, with extra rules that make the puzzle more complex in certain ways. These are best tried once you're already good at solving sudoku, so it's best to start with the easier puzzles in the book and work your way up to these.

Good luck!

Sudoku 4x4 Games

Place a digit from 1 to 4 into each empty square, so no digit repeats in any row, column or bold-lined 2×2 box.

1)

		1	2
			4
4			
2	1		

2

4

2)

1		2	
	4		3

3

1

3)

			4
1			
			3
2			

5
1

4)

	3		2
4		1	

8
2

5)

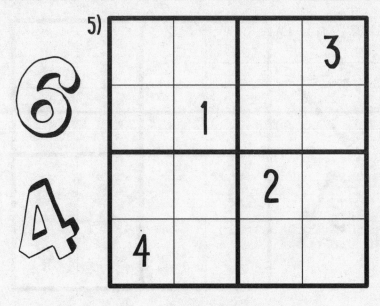

6)

7)

1			
			3
3			
			4

8)

			3
	3		
		4	
2			

Sudoku 6x6 Games

Place a digit from 1 to 6 into each empty
square, so no digit repeats in any row,
column or bold-lined 3×2 box.

 TIME .... /................

9)

	4	1	6	2	
5		2	4		3
6	1			4	2
2	3			5	6
4		6	5		1
	5	3	2	6	

10)

	1		4	3	
6			2		5
2	4	1	5		
		5	1	4	2
1		6			4
	2	3		5	

11)

4		5	1		6
	2			5	
3		2	6		5
1		6	2		4
	6			4	
5		4	3		2

12)

	3	4	2	5	
1					6
4		3	6		5
2		5	1		3
3					2
	2	6	3	1	

13)

1			5	4		6
	4				3	
3			4	2		5
5			2	1		3
	2				5	
4			3	6		2

14)

		6	1		
	4	1	3	6	
1	5			3	6
6	2			5	1
	1	5	6	4	
		2	5		

15)

3					1
		2	6		
	5	4	1	2	
	3	1	4	6	
		5	3		
1					2

16)

4		1	4		
	4			6	
3		2	6		1
1		4	2		5
	1			2	
		6	3		

17)

4		3			6
	1			4	
		1	6		3
3		5	1		
	5			3	
1			2		5

18)

2		3	5		4
	4			6	
1					3
4					5
	1			5	
6		5	4		1

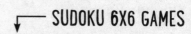
19)

1		6	4		3
2		3	1		5
6		5	2		4
5		2	6		1

20)

	1		3		
			2		6
4	6				
				6	3
5		2			
		1		4	

21)

	1	6	5	4	
	3	1	2	6	
	4	2	1	3	
	2	5	3	1	

22)

	6	4	1	3	
1					4
4					1
2					3
6					5
	1	5	2	4	

23)

1		5	4		6
	4			1	
4					2
6					4
	6			4	
3		4	2		5

24)

			1	2	
4			5		
2	5				
				3	5
		2			6
	4	5			

25)

					5
			3	6	1
	4	3			
			4	5	
2	5	6			
3					

26)

3	5		1		
					5
1				3	
	4				1
6					
		4		5	3

27)

	2			5	
3					1
		4	1		
		3	5		
5					2
	6			1	

28)

	2	5	1	4	
	5			6	
	4			2	
	1	2	5	3	

Sudoku
8x8
Games

Place a digit from 1 to 8 into each empty
square, so no digit repeats in any row,
column or bold-lined 4×2 box.

29)

	7	5			6	2	
4	2					7	5
6			8	2			4
		1	7	3	8		
		4	1	5	2		
7			5	6			1
5	3					6	2
	1	6			5	4	

30)

	2	3			4	1	
5	4		1	3		6	7
3							2
	1		2	4		3	
	8		6	1		7	
7							4
1	6		8	7		4	3
	5	7			6	8	

31)

	8	6	4	5	1	3	
1			5	8			2
8							4
3	6					7	8
4	5					8	1
7							3
5			3	1			6
	4	1	7	3	8	2	

32)

	4	2	3	8	6	5	
8	5					3	2
1		4			8		6
6							3
3							7
2		8			5		4
4	2					7	5
	7	3	1	6	2	4	

33)

6	3					8	2
2		5			1		3
	2		6	7		1	
		7			5		
		2			3		
	1		5	8		6	
4		8			6		1
1	7					2	5

34)

	5		4	8		3	
6		7			5		2
	8	3			1	5	
5							3
4							8
	6	1			4	2	
2		8			3		1
	1		5	4		8	

35)

8		6			7		3
	7					1	
7			1	6			4
		5	2	8	1		
		1	4	7	3		
5			8	1			2
	5					6	
1		2			5		8

36)

8			3	6			
		4	2	5	8		
	2					3	
3	1					7	6
1	6					8	5
	8					2	
		8	5	3	1		
			1	2			

37)

			2		4		
	8	7		2		5	
3				4		8	
	1	4	7	5			3
5			4	7	8	3	
	7		3				2
	4		1		6	2	
		6		3			

38)

7	2					4	6
4			5	2			7
			6	7			
	7	4			1	5	
	6	7			2	3	
			3	8			
6			2	5			1
1	8					6	2

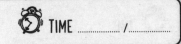

39)

		8	7	2	4		
		4			8		
5	2					6	3
3							8
4							2
7	3					4	1
		1			6		
		3	2	1	7		

40)

	8					2	
1	6				4	7	3
	3	4			1		
			5	4			
			3	5			
		8			2	6	
2	4	3				1	5
	1					8	

41)

	8	4	1	7	5	3	
	7		8	4		5	
	4	5			1	7	
	3	2			7	8	
	1		5	3		2	
	5	7	6	2	8	1	

42)

					3	1	
3				7	4		
8	3			5			
	4	1					
					5	4	
			7			6	1
		5	6				8
	8	3					

Sudoku
9x9
Games

Place a digit from 1 to 9 into each empty
square, so no digit repeats in any row,
column or bold-lined 3×3 box.

SUDOKU 9X9 GAMES

43)

	1	3	5		4	2	9	
9		2	7		3	4		5
4	5			9		1	7	3
8	9	4				7	2	1
5	2	7				8	3	6
3	8		2		7		6	4
2		1	6		8	3		7
	7	9	4		5	1	8	

44)

	3	2	8		9	6	4	
9	1		6		7		5	3
6			2		3			9
8	2	3				7	9	1
4	6	5				3	2	8
1			4		2			5
2	8		1		5		7	6
	5	4	9		6	8	1	

45)

2		3		8		1		7
		6	9		2	4		
9	4		5		1		6	8
	8	5		1		9	2	
1			7		9			6
	9	2		4		3	7	
3	6		2		7		4	9
		8	4		3	6		
4		9		6		7		5

46)

	8	9				3	7	
6	2		8		3		4	1
3		7	9		1	2		6
	5	1		9		7	6	
			5		2			
	9	4		3		5	1	
4		6	1		9	8		7
5	7		3		4		2	9
	1	2				6	3	

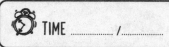

47)

6					9			2
		7	6	2	5	4		
	2			1		8	5	
	3	8	4			9	2	6
7	9						4	8
	4	6	3			1	7	9
	7			2		6		8
		5	8	3	7	9		
3					5			6

48)

7	3			4			9	1
1	5		9		6		8	7
			5		7			
	2	4	1	9	5	7	3	
3			8		2			4
	6	5	3	7	4	8	1	
			6		9			
5	4		7		1		6	8
6	8			5			7	9

49)

4		7	9		3	5		1
		1		4		8		
8	5		1		6		4	7
7		3				4		2
	8						9	
1		2				6		5
9	1		4		2		5	6
		5		6		2		
2		4	7		5	9		8

50)

4	9		8		2		1	3
5			6	1	3			7
			9		4			
1	4	2				9	5	8
	5						7	
8	7	3				2	4	6
			3		7			
2			1	8	5			9
3	1		2		9		8	5

51)

		4	2	5	9	7		
	5		8		4		3	
2			1		6			4
5	4	8				6	2	3
3								5
7	2	6				8	9	1
9			4		5			7
	1		3		7		4	
		5	9	8	2	3		

52)

	1	6				2	9	
5		7		2		6		1
9	3			1			4	5
			6	3	8			
	8	9	2		5	1	7	
			1	9	7			
6	9			7			1	2
1		4		8		7		3
	2	3				9	5	

53)

	2		7		6		4	
5		7				3		9
	4		3		1		2	
7		9		4		5		3
			6		3			
6		4		8		2		1
	1		9		5		8	
2		3				1		4
	7		2		4		3	

54)

	6	5				8	2	
4			5	7	2			6
2								3
	8		4	1	9		3	
	7		2		3		6	
	9		7	6	5		1	
1								7
9			6	5	8			1
	4	6				9	5	

55)

5						1	4	
	2	1			7		3	
4			5	2	3		7	
7	4	3				6		
		2				7		
		9				5	2	8
	7		3	8	2			6
	9		1			3	8	
3		5	6					4

56)

		9	4		1	2		
	7	1	5		2	9	4	
4	2			7			5	1
3	9						8	4
		7				6		
2	8						9	5
9	3			4			1	6
	1	8	2		3	4	7	
		4	1		9	3		

57)

	2	9				4	5	
4			9		7			2
1		8		5		9		6
	1		8		2		4	
		2				1		
	4		3		5		2	
9		4		7		2		5
6			4		8			1
	7	1				8	3	

58)

3		1	9	4	7	2		8
	4		1		2		7	
2				8				5
5	1						8	7
7		6				5		4
4	8						1	2
9				6				1
	6		2		8		5	
8		2	5	9	1	4		6

59)

3		2		9			5	8
4			2		6			
		5				7		4
	9			7			1	
7			8		9			3
	5			6			8	
6		1				4		
			7		3			9
2	7			4		8		5

60)

5

	1	5				2	7	
2			8	4	5			1
6			7		1			3
	3	2	6		7	1	5	
	4						2	
	5	6	4		2	7	3	
9			3		8			5
3			1	5	9			2
	8	1				3	9	

61)

	1	6	7		8	4	5	
3								9
8			5		4			3
6		9		8		3		5
			9		6			
2		8		4		9		1
7			8		9			4
5								6
	9	3	1		5	2	8	

62)

		5	9		8	2		
		4	6		1	3		
8	6						1	4
6	7		2		9		3	5
4	9		1		3		8	6
1	8						7	2
		9	8		7	6		
		6	3		5	8		

63)

			8		5			
		8		3		4		
	5	4	2	9	1	6	8	
2		6	3		4	8		5
	3	5				2	6	
7		1	6		2	9		3
	4	9	1	6	7	3	2	
		2		8		5		
			5		9			

64)

	1	3				6	9	
2		8		1		7		3
4	9		3		2		5	1
		5		9		2		
	2		4		7		1	
		4		5		3		
7	8		5		9		3	6
3		2		4		1		9
	4	9				5	2	

65)

			8		4			
	7	6				5	9	
	1	2	6		5	8	7	
6		3		5		1		7
			3		8			
1		8		6		4		2
	8	4	9		6	2	1	
	2	1				3	6	
			2		1			

66)

			3	5	8			
		8	6		2	1		
	6	3				4	8	
6	9			3			1	4
4			5		1			7
7	8			2			9	3
	5	7				6	2	
		9	1		3	7		
			2	7	5			

67)

		1	2	4	3	8		
		4				2		
2	8		6		9		1	4
6		8		9		3		5
3			5		8			1
4		7		3		9		6
1	9		3		5		4	8
		5				1		
		6	4	8	1	5		

68)

5								7
		7	6	8	1	5		
	6	8	7		9	3	2	
	8	1		4		9	5	
	5		1		2		4	
	9	4		6		1	3	
	4	2	9		5	6	8	
		5	2	3	6	4		
9								5

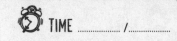

69)

		1	3	7	9	2		
	2	7	1		8	6	9	
	6	4		2			1	8
	8		4		3			7
	7	3		6			9	2
	3	2	7		6	4	5	
		6	5	8	4	7		

70)

			3	6	1			
	7	2	9		4	1	5	
	1						4	
1	2						8	6
4				7				1
7	3					2		4
	5						9	
	4	8	1			5	2	6
			2	3	8			

71)

	5						4	
6		2				5		9
	4	3	2		8	7	6	
		7	8	1	9	6		
			6		3			
		6	5	2	4	3		
	9	5	7		1	2	8	
2		8				1		3
	7						5	

72)

6	5		9		7		1	8
2			8		5			9
			4	3	1			
3	6	5				8	2	7
		4				6		
7	8	2				9	4	1
			5	9	4			
5			7		3			4
4	7		6		2		9	3

73)

		5	9	4	7	8		
	8		3		6		9	
1				8				6
6	7						5	8
4		3				1		2
5	1						3	9
7				2				5
	2		5		9		4	
		4	6	3	1	2		

74)

	1	9		8		5	6	
8	2		5		6		1	7
6								8
	4		2		3		5	
7								2
	5		1		4		7	
5								1
3	9		8		5		2	4
	6	4		2		9	8	

75)

6		8	2		5	1		3
	5						7	
2			6		4			9
5		6	9		8	4		7
8		7	4		3	2		1
7			1		2			4
	3						1	
1		4	7		9	3		6

76)

8				3	9			5
		2	8	5		6		
	9		6				4	
4						9	8	
9	1						5	6
	3	8						7
	8				5		2	
		3		2	4	8		
6			1	8				3

77)

3					5			7
			6	4	2			
		5	7		3	8		
	5	2			3		6	7
6	7			4		5		8	3
	3	1			7		5	9
		4	3			1	7	
			2	9	7			
9					6			1

78)

			4	9	6			
		4	5		7	8		
	1	5				4	7	
4	2						9	8
1				8				3
7	5						2	6
	4	2				9	8	
		9	2		1	6		
			8	4	9			

79)

	9	7					4	3	
4								2
1			7	4	3			5
		1	3	9	7	8		
		3	4		5	7		
		2	1	8	6	3		
8			5	3	9			7
3								1
	7	9				5	4	

80)

3	7		9		6		1	4
9	5		2		1		3	6
4	6			7			2	5
			4		9			
7	2			3			4	9
1	8		5		4		9	7
2	9		3		7		5	8

81)

8	5							2
	2					6	8	7
	3	1			8	4		
		6	8	4	2			
			6		1			
			7	5	9	8		
		2	5			3	4	
7	6	8					9	
5							7	8

82)

4								7
	5		2	7	1		6	
		7		8		1		
	3		1	9	2		7	
	7	2	8		5	4	9	
	6		7	4	3		1	
		3		5		9		
	4		6	1	9		5	
5								1

83)

				7				
		6	1		3	8		
	8		2	5	6		3	
	9	8		3		2	1	
6		3	8		7	5		9
	2	7		9		3	8	
	7		5	8	2		9	
		5	7		9	4		
				1				

84)

1								8
	7	3		2		4	6	
	9	2	1		8	3	5	
		6		9		1		
	1		8		6		3	
		7		1		8		
	6	9	3		1	7	2	
	2	8		6		5	1	
3								9

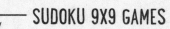

85)

		3				7		
		1	2	5	8	9		
4	2						5	1
	1			8			9	
	9		1		7		4	
	3			4			1	
5	7						8	2
		9	4	7	2	3		
		2				1		

86)

6				5				9
	7			2			6	
		4	7		6	2		
		1	3	6	2	7		
3	8		5		7		1	2
		7	9	8	1	5		
		3	8		4	6		
	6			7			8	
2				1				7

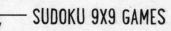

87)

3			1	8	9	7		6	2

| 3 | | | 1 | 8 | 9 | 7 | | 6 | 2 |
| 6 | | | | | 6 | 3 | | | 4 |

87)

3			1	8	9	7		6	2

3			1	8	9	7		6	2
6						3		
				6				4
5	6		2			9			1
1		8					2		5
2			1			5		4	8
4				1				
			3					6
8	2		9	5	6	4		3

88)

6			4		7			2
	4		8		5		1	
		7	1		3	5		
7	2	3				4	9	8
8	9	4				1	5	6
		2	5		9	8		
	5		2		6		3	
4			7		8			5

89)

	5						9	
7		6				3		4
	9	1	6		4	8	7	
		3	9	7	5	4		
			3		2			
		4	1	6	8	5		
	4	8	5		1	6	3	
6		7				9		5
	3						4	

90)

2		8				7		6
			2		9			
3			1		6			8
	2	6	4			9	7	
	1	9	7		2	8	3	
1			6		4			7
			5		7			
7			4			6		9

91)

		2	7			1	9	
	1						6	
4			9		3			1
3		4		5		1		9
			4		9			
9		1		7		8		4
8			5		4			6
	9						8	
		3	1			7	5	

92)

		6				8		
	5		8		6		4	
1		2	4		9	6		5
	7	4	2		8	3	6	
	1	8	3		5	4	9	
8		3	6		1	7		9
	6		7		2		3	
		1				2		

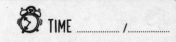

93)

		8				6		
		7	3	4	8	1		
1	9						8	3
	8			3			5	
	5		7	2	6		1	
	7			1			2	
9	2						3	7
		3	9	7	2	5		
		6				2		

94)

	6						5	
2		3	1		9	7		6
		8		6		9		
8		1				6		4
			9	1	6			
6		5				2		7
		4		3		5		
9		6	5		1	3		8
	5						4	

95)

	4	6				7	9	
5			9	7	2			4
7								5
	5			3			6	
	6		1	8	9		5	
	1			2			4	
1								9
2			4	9	5			6
	9	5				4	8	

96)

		4	7	9	6	2		
			2		3			
6		3				7		5
2	3						8	4
7								9
4	8						6	7
3		1				9		8
			4		8			
		8	9	7	1	4		

97)

	8		5		7		1	
2								3
		1	2	3	6	9		
1		8				7		5
		9				8		
5		7				4		1
		5	4	7	9	6		
8								7
	7		6			1	5	

98)

		2		4		1		
	6		1		2		3	
5		1	6		7	4		9
	1	7				2	9	
6								3
	5	4				8	1	
8		6	4		1	3		7
	7		8		5		4	
		5		6		9		

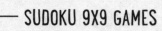

TIME .... / ....

99)

	9						1	
6			4		7			3
			1	8	9			
	3	2	7		4	9	5	
		7		9		4		
	1	9	6		5	2	8	
			3	4	6			
9			8		2			5
	7						4	

100)

3		4		8		7		1
	6			9			8	
2			3		1			4
		7				2		
5	1						9	3
		3				6		
1			2		9			8
	3			6			2	
4		9		1		5		6

101)

		8	5	7	1	9		
			8		2			
2			9		6			8
1	8	7				3	5	2
6								7
9	5	2				1	4	6
7			3		4			9
			6		8			
		4	2	9	7	5		

102)

3		8				9		7
			7		8			
1			4		6			3
	3	9		1		6	8	
			8		7			
	8	5		6		2	7	
2			5		1			6
			9		2			
5		1				7		8

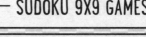

103)

	9	6	2		3	5	8	
5								3
4			5	8	6			2
9		2				4		6
		3				1		
6		5				7		8
2			1	3	9			7
3								9
	5	9	8			7	3	6

104)

	1	5				4	9	
6	2			7			3	5
7								6
			7	2	8			
	9		6		5		1	
			9	3	1			
9								1
5	4			1			7	3
	3	7				9	8	

105)

	6	3				8	1	
7		5				4		9
8	1			4			2	3
			6		4			
		6		1		7		
			8		2			
6	7			9			3	4
1		4				6		2
	5	2				9	7	

106)

8		3				1		2
	1						7	
6			1	3	2			8
		2	5		4	3		
		6				5		
		7	8		6	2		
3			9	8	7			6
	2						3	
7		4				8		1

107)

		8				2		
		6	8	5	4	3		
7	9						4	8
	7		4		8		5	
	1			7			2	
	6		1		9		8	
6	5						3	2
		9	3	4	5	6		
		1				8		

108)

	9	4		8		2	1	
8		2				9		6
1	6						8	3
			3	4	8			
4			2		5			1
			7	9	1			
3	7						2	8
9		1				6		7
	4	8		7		3	5	

109)

7								3
		3	7	5	9	2		
	6	1		3		7	4	
6		7				4		2
	3						9	
9		5				6		8
	5	8		9		3	2	
		6	3	2	7	8		
3								4

110)

		2	9	3	4	7		
		1				8		
4	3						6	9
6				7				3
3			6	2	9			8
1				4				6
5	4						8	7
		9				6		
		3	7	6	5	4		

111)

4			6		5			2
	2			7			1	
		6	1		9	8		
6		2				5		8
	4						2	
8		1				4		6
		9	3		1	7		
	8			6			5	
1			5		2			9

112)

6		3				8		5
	5		6			4	9	
4	7			1				2
				6			2	
		2	5		7	1		
	3			8				
3				5			8	1
	9	5			8		6	
2		1				9		4

113)

	3						7	
7		8				6		9
	2		9		6		8	
		1		9		7		
			4		5			
		9		8		2		
	4		6		3		9	
3		7				1		5
	8						3	

114)

		1		6		9		
	5		9		2		1	
8				5				6
	2		3		6		4	
3		7				1		2
	4		7		5		9	
5				3				7
	8		5		7		2	
		2		4		5		

115)

2	1						4	5
7		4				2		9
	9		2		5		7	
		5		6		1		
			8		3			
		6		9		5		
	3		4		6		1	
1		9				3		7
8	6						5	2

116)

5							1	9
7		1	5					
		6			7	5	8	
		2		5			6	
			2		8			
	8			9		3		
	2	5	1			6		
					5	9		8
3	7							2

117)

		4				5		
		7	5		4	2		
8	1						4	7
	7			5			9	
			3		8			
	6			2		8		
9	4						2	5
		2	4		6	9		
		1				4		

118)

				7	2	1		
	9	8	6				7	
2							9	
7				2			3	
8			4		6			5
	1			8				9
	4							2
	8				9	4	5	
		1	2	3				

119)

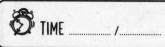

				4	1			
		4	9		8	3		
	7	2	3			1	9	
2	6					8	5	
3								9
	4	5					1	6
	5	6			4	9	8	
		8	6		2	4		
			1	8				

120)

			5		2			
	6	4	1	8	9	5	2	
	2					8		
6	4		7		8		5	1
	3						6	
9	7		2		6		4	8
	5						9	
	1	6	9	7	5	4	3	
			6		4			

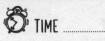

121)

			7	6	3			
		7				2		
	8						4	
2			4	9	5			7
5			3		6			4
6			2	1	7			3
	5						8	
		9				6		
			6	5	1			

122)

				9				
		9	8		3	5		
	8		2	5	6		3	
	5	4				6	1	
3		7				4		8
	9	6				3	2	
	4		1	2	9		6	
		3	6		7	2		
				3				

123)

			9			8		
		8	6				9	
2	7		5				1	
			7	5			6	
1	4						7	3
	8			3	6			
	6				9		2	5
	2				5	4		
		3			2			

124)

1		9				3		4
	4					6	1	
	3		9					8
				4	8	5		
			5		6			
		6	1	2				
9					7		6	
	5	4					9	
7		2				8		5

Sudoku
10x10
Games

Place a digit from 0 to 9 into each empty
square, so no digit repeats in any row,
column or bold-lined 5×2 box.

125)

	4			6	5	8	3		2	
7		3	2			6	9		0
	3	5					2	8	
8	9			4	6			0	3
3			9			4			5
4			0			2			9
9	8			6	2			5	7
	2	1					0	9	
1		4	8			5	6		2
	6		5	9	3	0		1	

126)

		2	3	0	7	5	4		
			4	9	3	6			
6		8		2	0		3		4
0	7							1	2
9	2	4					6	7	3
3	0	6					5	4	9
2	5							8	7
4		1		7	5		2		6
			0	6	2	9			
		9	2	8	4	1	0		

127)

	1			4	0			9	
5			2	9	8	7			1
		8		2	3		1		
	0		4			5		8	
9	7	4					5	2	0
2	5	6					7	1	9
	2		0			6		7	
		3		6	5		0		
7				6	1	9	0			4
	4				8	7			6	

128)

	1	3	9			2	6	4	
2				4	1				8
6			1	2	7	9			5
9		0					4		2
	7	2					8	3	
	9	5					7	2	
7		9					3		4
4			0	3	2	7			9
8				9	5				6
	5	6	2			4	9	1	

129)

		3	1	9	5	7	4		
				8	1				
1			3	2	6	5			4
6		8					2		7
5	7	0					8	1	3
9	3	2					7	5	0
4		1					6		2
8			9	0	7	4			5
				6	0				
		9	0	7	8	2	5		

130)

		1	7			8	9		
				4	0				
4			9	7	3	2			5
5		2		6	7		8		4
	4	5	6			0	7	3	
	3	0	8			6	1	4	
2		9		5	8		4		3
8			4	0	6	1			2
				8	1				
		7	5			4	6		

Sudoku 12x12 Games

Place a digit from 1 to 9 or a letter from
A to C into each empty square, so no digit
or letter repeats in any row, column or
bold-lined 4×3 box.

131)

5	2									B	7
7			9	4	A	5	B	3			8
		8		C			2		5		
	4			B	7	9	8			C	
	7	3	A		C	6		5	9	8	
	8		C	1			3	B		6	
	C		5	8			9	A		7	
	3	B	7		6	C		8	1	2	
	9			3	B	2	7			5	
		1		A			6		8		
3			2	7	8	1	C	6			5
6	A									3	2

132)

	6		1	C			7	B		4	
C			8		B	9		1			2
		7			1	A			6		
3	1			B	C	7	4			8	6
2			5	6			9	A			1
	8	B	7					9	3	C	
	B	2	A					C	4	5	
7			4	1			B	6			3
5	C			A	4	2	8			1	B
		6			7	5			C		
B			C		6	4		8			7
	7		3	2			C	5		6	

133)

3	4		B					1		8	7
6					1	8					B
				C	5	7	B				
5			9	B			8	6			4
		3	C	A	7	5	1	B	8		
	B	A		9			4		1	7	
	8	4		3			A		B	5	
	9	A	5	4	1	7	8	C			
C			5	2			9	A			1
				1	A	4	6				
A					2	9					3
8	9		4					2		6	C

134)

	5				A	C				8	
9		6		B			2		1		C
	C	B	A					2	4	3	
		A	5		B	8		4	2		
	1			A	5	2	7			9	
7			8	1	3	4	9	C			A
5			B	2	6	A	8	3			1
	7			3	9	B	4			A	
		8	3		1	7		9	B		
	A	1	9					8	7	B	
8		7		5			B		A		3
	3				8	1				C	

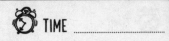

135)

		6	B	7			C	5	1		
		7	1	2			6	B	A		
3	2	8							7	C	6
8	1		9					4		7	C
5	6			B			3			1	A
					C	8					
					B	2					
7	B			A			1			2	3
1	4		2					C		B	9
A	8	B							3	5	1
		1	7	8			B	A	C		
		9	3	5			4	7	6		

1

136)

	3	A	C					4	7	2	
7											6
5				A	9	B	7				C
1			5	C	A	4	9	8			7
		3	A		8	2		9	1		
		6	8	3			5	A	2		
		8	2	9			1	C	4		
		7	9		C	A		6	5		
A			4	2	6	7	B	1			3
2				1	5	3	C				8
8											4
	A	5	7					B	3	9	

Jigsaw
5x5
Games

Place a digit from 1 to 5 into each empty
square, so no digit repeats in any row,
column or bold-lined jigsaw shape.

137)

3				
		3		
	5		4	
		1		
				2

138)

3	2			
4				
		5		
				2
			4	5

Jigsaw 6x6 Games

Place a digit from 1 to 6 into each empty
square, so no digit repeats in any row,
column or bold-lined jigsaw shape.

139)

	3		5		4
	5		1		
					3
3					
		1		6	
4		5		3	

140)

	4	1			
5		6			
	5				1
1				5	
			6		2
			3	4	

Samurai Sudoku

Place a digit from 1 to 6 into each empty square, so no digit repeats in any row, column or bold-lined 2x3 box of one of the three 6×6 grids that make up the puzzle.

This example shows you how it works:

Notice how the puzzle is made up of three overlapping sudoku 6x6 grids.

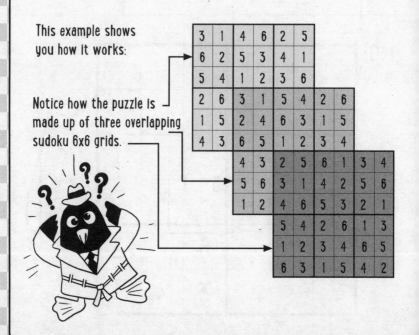

141)

142)

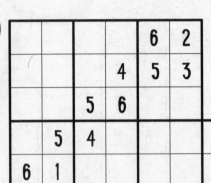

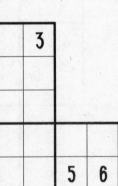

Odd-even Sudoku

Place a digit from 1 to 9 into each empty square, so no digit repeats in any row, column or bold-lined 3×3 box. Shaded squares must contain even numbers (2, 4, 6, 8), and unshaded squares must contain odd numbers (1, 3, 5, 7, 9).

143)

	4						7	
8	7						3	1
			7	9	8			
		9	8		4	1		
		1				5		
		4	1		2	3		
			2	7	5			
5	9						1	4
	2						8	

144)

			4		5			
		8	2		6	9		
	5			9			8	
4	6			7			5	8
		7	5		2	3		
2	3			4			7	6
	7			5			2	
		2	6		7	5		
			3		4			

Trio Sudoku

Place a digit from 1 to 9 into each empty square, so no digit repeats in any row, column or bold-lined 3×3 box. Squares containing neither a circle nor a smaller square must contain 1, 2 or 3; squares containing a smaller square must contain 4, 5 or 6; squares containing a circle must contain 7, 8 or 9.

This example shows you how it works:

There is no shape here so the digit is 1, 2 or 3.

Squares must contain 4, 5 or 6.

3	2	6	5	7	1	9	4	8
9	5	8	4	3	6	1	7	2
7	1	4	8	2	9	5	3	6
5	4	7	3	6	2	8	9	1
1	8	9	7	5	4	6	2	3
6	3	2	9	1	8	7	5	4
4	9	5	1	8	3	2	6	7
8	6	3	2	9	7	4	1	5
2	7	1	6	4	5	3	8	9

Circles must contain 7, 8 or 9.

145)

	○		4	⑧	2	□	□	○
□	□	5	○		○	⑧		
○	⑨		6		5	□	1	○
2	○	4	□	○	□	3	○	1
⑨		□		○	○		□	4
⑦	□	1		□		⑨	○	6
□	4	○	3	□	1	○	2	○
		⑦	○		□	6	○	□
□		○	⑨	5	⑦	□		

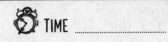

146)

○		○			□	□	□	○
	□	○		□	○			□	○
	□	□	⑨	⑦	6		○	
○	□	3	○	1	□	⑦		□
□		2	4	○	⑦	6		○
○	○	4	□	2		⑨	□	
□		○	⑦	6	⑧	□		□
	□	○		□	○		○	□
□	○	□		□		○	○	

Anti-king Sudoku

Place a digit from 1 to 9 into each empty square, so no digit repeats in any row, column or bold-lined 3×3 box. Diagonally touching squares may not contain identical numbers.

This example shows you how it works:

None of the up to eight squares surrounding any given digit can contain the same value, even in adjacent boxes.

4	9	3	5	6	7	2	8	1
2	6	7	1	4	8	9	5	3
8	1	5	2	9	3	4	7	6
5	2	4	8	7	1	6	3	9
7	3	6	9	2	5	8	1	4
9	8	1	4	3	6	7	2	5
1	5	2	6	8	4	3	9	7
6	7	9	3	5	2	1	4	8
3	4	8	7	1	9	5	6	2

147)

		2		9		8		
	7		5		2		1	
5		8				9		2
	4		9		1		5	
8								9
	9		8		5		4	
7		5				2		1
	6		2		3		8	
		3		5		6		

148)

	1			6			8	
6	8						7	2
			9	2	8			
		7				1		
8		9				3		4
		3				7		
			6	5	3			
5	4						3	9
	7			8			1	

Slashed Sudoku

Place a digit from 1 to 9 into each empty square, so no digit repeats in any row, column, bold-lined 3×3 box or any of the marked diagonals.

This example shows you how it works:

This puzzle has lots of diagonals. No digit can repeat within a marked diagonal.

1	6	4	8	2	9	5	3	7
5	8	2	1	3	7	6	9	4
9	3	7	4	6	5	8	1	2
2	5	1	9	7	3	4	6	8
4	9	8	6	5	1	2	7	3
3	7	6	2	8	4	9	5	1
6	1	5	7	4	2	3	8	9
8	4	9	3	1	6	7	2	5
7	2	3	5	9	8	1	4	6

149)

1	5			6			8	4
2				3				7
		9				2		
				7				
3	6		9		8		4	5
				1				
		2				8		
6				9				2
4	9			8			3	6

 TIME ....

150)

4								1
			5	1	2			
		6				3		
	3						6	
	9						5	
	5						3	
		3				8		
			9	4	1			
9								5

Sudoku-X

Place a digit from 1 to 9 into each empty square, so no digit repeats in any row, column, bold-lined 3×3 box or either of the marked diagonals.

This example shows you how it works:

No digit can repeat within a marked diagonal.

2	6	9	5	7	8	4	1	3
4	3	5	1	2	6	9	7	8
1	7	8	3	9	4	5	2	6
9	8	7	6	3	2	1	4	5
3	4	2	7	1	5	8	6	9
6	5	1	4	8	9	2	3	7
5	2	6	9	4	3	7	8	1
7	9	4	8	6	1	3	5	2
8	1	3	2	5	7	6	9	4

151)

			1		3			
		8		4		9		
	9		8	6	7		1	
3		2				1		6
	7	1				3	9	
4		9				8		5
	8		5	2	6		3	
		6		3		5		
			4		8			

152)

	9	8				4	5	
6								7
7				8				6
			9	1	7			
		2	5		3	9		
			2	6	8			
3				2				9
4								5
	2	7				3	8	

Windoku

Place a digit from 1 to 9 into each empty square, so no digit repeats in any row, column, bold-lined 3×3 box or any of the four shaded 3×3 areas.

This example shows you how it works:

No digit can repeat within the same shaded region, such as this one.

8	9	3	6	7	2	5	4	1
6	2	1	3	5	4	7	9	8
7	4	5	8	9	1	2	6	3
4	6	9	7	1	8	3	5	2
5	1	8	2	6	3	9	7	4
3	7	2	5	4	9	8	1	6
9	8	6	1	2	5	4	3	7
1	3	4	9	8	7	6	2	5
2	5	7	4	3	6	1	8	9

153)

			7		9			
		3	5		8	6		
	7			1			9	
7	9						1	5
		5				4		
4	6						2	7
	4			9			5	
		9	1		3	7		
			4		5			

 TIME ....

154)

9	5		7		1		4	6
3	7						5	9
		4				2		
4								8
1								4
		7				4		
8	4						9	2
2	1		8		9		7	5

Extra Regions

Place a digit from 1 to 9 into each empty square,
so no digit repeats in any row, column,
bold-lined 3×3 box or any shaded area.

This example shows you how it works:

This puzzle contains three shaded regions. No digit can repeat within a single region although they can appear in multiple regions.

5	1	7	2	4	9	6	8	3
8	4	9	1	6	3	7	5	2
6	3	2	7	8	5	1	9	4
1	2	8	6	5	4	3	7	9
9	5	4	3	2	7	8	1	6
7	6	3	9	1	8	4	2	5
2	8	5	4	3	1	9	6	7
3	7	1	5	9	6	2	4	8
4	9	6	8	7	2	5	3	1

155)

	5	9	4	6	1	2	7	
	2			7			3	
	3			9			6	
	8	7	2	3	6	5	4	
	4			1			8	
	9			8			1	
	6	8	1	4	7	3	9	

156)

8	6		4			9		5
4				9	5			
7				6	2			
3				2	8			
			3	4				7
			9	8				6
			1	5				8
5		6			3		9	

157)

4		5					6	
	8			9		5		3
7		2					1	
	5			1		6		4
1		7					9	
	6			2		7		1
8		3					5	
	4			3		2		7
2		6					4	

Argyle Sudoku

Place a digit from 1 to 9 into each empty square, so no digit repeats in any row, column, bold-lined 3×3 box or any of the marked diagonals.

This example shows you how it works:

This puzzle has lots of marked diagonals. No digit can repeat within a marked diagonal.

4	9	8	6	5	7	3	2	1
1	5	7	3	8	2	4	9	6
3	6	2	4	1	9	7	8	5
9	4	3	8	6	5	2	1	7
8	2	5	7	4	1	9	6	3
6	7	1	2	9	3	5	4	8
2	8	6	5	7	4	1	3	9
5	1	4	9	3	6	8	7	2
7	3	9	1	2	8	6	5	4

TIME ....

158)

	5							8
7	1			2			5	3
		3				7		
			1		9			
	7						6	
			2		5			
		7				2		
5	4			9			7	1
	9						3	

159)

	7	4				1	2	
1			4		2			7
6		2				4		3
	1						7	
	3						8	
3		9				2		1
7			2		6			8
	6	8				7	4	

3-D Sudoku Star

Place a digit from 1 to 8 into each empty square, so no digit repeats in any row, column, or bold-lined 4×2 or 2×4 box. Rows and columns follow the natural contours of the shape, so, for example, they can run down then across, or across then up.

This example shows you how it works:

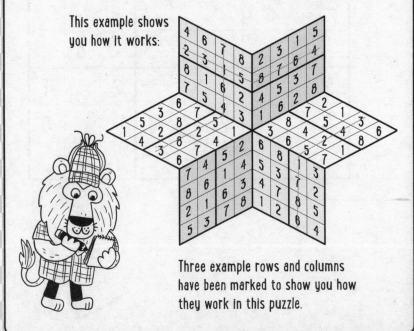

Three example rows and columns have been marked to show you how they work in this puzzle.

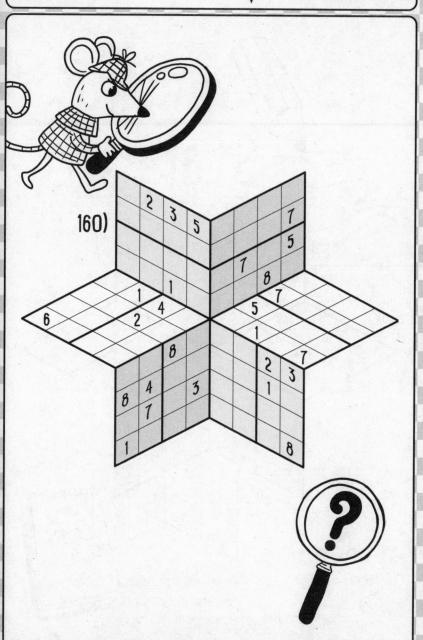

160)

161)

All
of the
ANSWERS

SUDOKU 4X4 GAMES

1)

3	4	1	2
1	2	3	4
4	3	2	1
2	1	4	3

2)

1	3	2	4
4	2	3	1
3	1	4	2
2	4	1	3

3)

3	2	1	4
1	4	3	2
4	1	2	3
2	3	4	1

4)

2	4	3	1
1	3	4	2
4	2	1	3
3	1	2	4

5)

2	4	1	3
3	1	4	2
1	3	2	4
4	2	3	1

6)

2	4	1	3
1	3	2	4
3	1	4	2
4	2	3	1

7)

1	3	4	2
4	2	1	3
3	4	2	1
2	1	3	4

8)

4	2	1	3
1	3	2	4
3	1	4	2
2	4	3	1

SUDOKU 6X6 GAMES

9)

3	4	1	6	2	5
5	6	2	4	1	3
6	1	5	3	4	2
2	3	4	1	5	6
4	2	6	5	3	1
1	5	3	2	6	4

10)

5	1	2	4	3	6
6	3	4	2	1	5
2	4	1	5	6	3
3	6	5	1	4	2
1	5	6	3	2	4
4	2	3	6	5	1

11)

4	3	5	1	2	6
6	2	1	4	5	3
3	4	2	6	1	5
1	5	6	2	3	4
2	6	3	5	4	1
5	1	4	3	6	2

12)

6	3	4	2	5	1
1	5	2	4	3	6
4	1	3	6	2	5
2	6	5	1	4	3
3	4	1	5	6	2
5	2	6	3	1	4

13)

1	3	5	4	2	6
2	4	6	5	3	1
3	1	4	2	6	5
5	6	2	1	4	3
6	2	1	3	5	4
4	5	3	6	1	2

14)

5	3	6	1	2	4
2	4	1	3	6	5
1	5	4	2	3	6
6	2	3	4	5	1
3	1	5	6	4	2
4	6	2	5	1	3

15)

3	4	6	2	5	1
5	1	2	6	3	4
6	5	4	1	2	3
2	3	1	4	6	5
4	2	5	3	1	6
1	6	3	5	4	2

16)

6	3	1	4	5	2
2	4	5	1	6	3
3	5	2	6	4	1
1	6	4	2	3	5
4	1	3	5	2	6
5	2	6	3	1	4

17)

4	2	3	5	1	6
5	1	6	3	4	2
2	4	1	6	5	3
3	6	5	1	2	4
6	5	2	4	3	1
1	3	4	2	6	5

18)

2	6	3	5	1	4
5	4	1	3	6	2
1	5	2	6	4	3
4	3	6	1	2	5
3	1	4	2	5	6
6	2	5	4	3	1

19)

1	5	6	4	2	3
3	2	4	5	1	6
2	4	3	1	6	5
6	1	5	2	3	4
4	6	1	3	5	2
5	3	2	6	4	1

20)

2	1	6	3	5	4
3	5	4	2	1	6
4	6	3	1	2	5
1	2	5	4	6	3
5	4	2	6	3	1
6	3	1	5	4	2

21)

3	5	4	6	2	1
2	1	6	5	4	3
5	3	1	2	6	4
6	4	2	1	3	5
4	2	5	3	1	6
1	6	3	4	5	2

22)

5	6	4	1	3	2
1	2	3	6	5	4
4	3	6	5	2	1
2	5	1	4	6	3
6	4	2	3	1	5
3	1	5	2	4	6

23)

1	3	5	4	2	6
2	4	6	5	1	3
4	5	1	6	3	2
6	2	3	1	5	4
5	6	2	3	4	1
3	1	4	2	6	5

24)

5	3	6	1	2	4
4	2	1	5	6	3
2	5	3	6	4	1
1	6	4	2	3	5
3	1	2	4	5	6
6	4	5	3	1	2

25)

6	3	1	2	4	5
4	2	5	3	6	1
5	4	3	6	1	2
1	6	2	4	5	3
2	5	6	1	3	4
3	1	4	5	2	6

26)

3	5	2	1	4	6
4	6	1	3	2	5
1	2	6	5	3	4
5	4	3	2	6	1
6	3	5	4	1	2
2	1	4	6	5	3

27)

1	2	6	4	5	3
3	4	5	2	6	1
2	5	4	1	3	6
6	1	3	5	2	4
5	3	1	6	4	2
4	6	2	3	1	5

28)

4	6	1	2	5	3
3	2	5	1	4	6
2	5	3	4	6	1
1	4	6	3	2	5
6	1	2	5	3	4
5	3	4	6	1	2

SUDOKU 8X8 GAMES

29)

1	7	5	3	4	6	2	8
4	2	8	6	1	3	7	5
6	5	3	8	2	7	1	4
2	4	1	7	3	8	5	6
3	6	4	1	5	2	8	7
7	8	2	5	6	4	3	1
5	3	7	4	8	1	6	2
8	1	6	2	7	5	4	3

30)

6	2	3	7	5	4	1	8
5	4	8	1	3	2	6	7
3	7	6	4	8	1	5	2
8	1	5	2	4	7	3	6
2	8	4	6	1	3	7	5
7	3	1	5	6	8	2	4
1	6	2	8	7	5	4	3
4	5	7	3	2	6	8	1

31)

2	8	6	4	5	1	3	7
1	3	7	5	8	4	6	2
8	7	5	2	6	3	1	4
3	6	4	1	2	5	7	8
4	5	3	6	7	2	8	1
7	1	2	8	4	6	5	3
5	2	8	3	1	7	4	6
6	4	1	7	3	8	2	5

32)

7	4	2	3	8	6	5	1
8	5	1	6	4	7	3	2
1	3	4	5	7	8	2	6
6	8	7	2	5	4	1	3
3	6	5	4	2	1	8	7
2	1	8	7	3	5	6	4
4	2	6	8	1	3	7	5
5	7	3	1	6	2	4	8

33)

6	3	1	4	5	7	8	2
2	8	5	7	6	1	4	3
5	2	3	6	7	4	1	8
8	4	7	1	2	5	3	6
7	6	2	8	1	3	5	4
3	1	4	5	8	2	6	7
4	5	8	2	3	6	7	1
1	7	6	3	4	8	2	5

34)

1	5	2	4	8	7	3	6
6	3	7	8	1	5	4	2
7	8	3	6	2	1	5	4
5	2	4	1	6	8	7	3
4	7	5	2	3	6	1	8
8	6	1	3	7	4	2	5
2	4	8	7	5	3	6	1
3	1	6	5	4	2	8	7

35)

8	1	6	5	4	7	2	3
2	7	4	3	5	8	1	6
7	8	3	1	6	2	5	4
4	6	5	2	8	1	3	7
6	2	1	4	7	3	8	5
5	3	7	8	1	6	4	2
3	5	8	7	2	4	6	1
1	4	2	6	3	5	7	8

36)

8	5	1	3	6	7	4	2
6	7	4	2	5	8	1	3
4	2	7	6	8	5	3	1
3	1	5	8	4	2	7	6
1	6	2	4	7	3	8	5
5	8	3	7	1	6	2	4
2	4	8	5	3	1	6	7
7	3	6	1	2	4	5	8

37)

1	3	5	2	6	4	7	8
4	8	7	6	2	3	5	1
3	6	2	5	4	1	8	7
8	1	4	7	5	2	6	3
5	2	1	4	7	8	3	6
6	7	8	3	1	5	4	2
7	4	3	1	8	6	2	5
2	5	6	8	3	7	1	4

38)

7	2	8	1	3	5	4	6
4	3	6	5	2	8	1	7
3	5	1	6	7	4	2	8
2	7	4	8	6	1	5	3
8	6	7	4	1	2	3	5
5	1	2	3	8	6	7	4
6	4	3	2	5	7	8	1
1	8	5	7	4	3	6	2

39)

1	5	8	7	2	4	3	6
2	6	4	3	5	8	1	7
5	2	7	8	4	1	6	3
3	1	6	4	7	2	5	8
4	8	5	1	6	3	7	2
7	3	2	6	8	5	4	1
8	7	1	5	3	6	2	4
6	4	3	2	1	7	8	5

40)

3	8	7	4	1	5	2	6
1	6	5	2	8	4	7	3
8	3	4	6	7	1	5	2
7	2	1	5	4	6	3	8
6	7	2	3	5	8	4	1
4	5	8	1	3	2	6	7
2	4	3	8	6	7	1	5
5	1	6	7	2	3	8	4

41)

5	6	3	7	8	2	4	1
2	8	4	1	7	5	3	6
1	7	6	8	4	3	5	2
3	4	5	2	6	1	7	8
6	3	2	4	1	7	8	5
7	1	8	5	3	6	2	4
4	5	7	6	2	8	1	3
8	2	1	3	5	4	6	7

42)

4	5	7	8	6	3	1	2
3	6	2	1	7	4	8	5
8	3	6	2	5	1	7	4
7	4	1	5	8	6	2	3
6	1	8	3	2	5	4	7
5	2	4	7	3	8	6	1
1	7	5	6	4	2	3	8
2	8	3	4	1	7	5	6

SUDOKU 9X9 GAMES

43)

7	1	3	5	6	4	2	9	8
9	6	2	7	8	3	4	1	5
4	5	8	9	2	1	6	7	3
8	9	4	3	5	6	7	2	1
1	3	6	8	7	2	5	4	9
5	2	7	1	4	9	8	3	6
3	8	5	2	1	7	9	6	4
2	4	1	6	9	8	3	5	7
6	7	9	4	3	5	1	8	2

44)

5	3	2	8	1	9	6	4	7
9	1	8	6	4	7	2	5	3
6	4	7	2	5	3	1	8	9
8	2	3	5	6	4	7	9	1
7	9	1	3	2	8	5	6	4
4	6	5	7	9	1	3	2	8
1	7	6	4	8	2	9	3	5
2	8	9	1	3	5	4	7	6
3	5	4	9	7	6	8	1	2

45)

2	5	3	6	8	4	1	9	7
8	1	6	9	7	2	4	5	3
9	4	7	5	3	1	2	6	8
7	8	5	3	1	6	9	2	4
1	3	4	7	2	9	5	8	6
6	9	2	8	4	5	3	7	1
3	6	1	2	5	7	8	4	9
5	7	8	4	9	3	6	1	2
4	2	9	1	6	8	7	3	5

46)

1	8	9	2	4	6	3	7	5
6	2	5	8	7	3	9	4	1
3	4	7	9	5	1	2	8	6
2	5	1	4	9	8	7	6	3
7	6	3	5	1	2	4	9	8
8	9	4	6	3	7	5	1	2
4	3	6	1	2	9	8	5	7
5	7	8	3	6	4	1	2	9
9	1	2	7	8	5	6	3	4

47)

6	5	4	7	9	3	8	1	2
8	1	7	6	2	5	4	3	9
9	2	3	1	4	8	6	5	7
5	3	8	4	7	9	2	6	1
7	9	1	5	6	2	3	4	8
2	4	6	3	8	1	7	9	5
4	7	9	2	1	6	5	8	3
1	6	5	8	3	7	9	2	4
3	8	2	9	5	4	1	7	6

48)

7	3	6	2	4	8	5	9	1
1	5	2	9	3	6	4	8	7
4	9	8	5	1	7	6	2	3
8	2	4	1	9	5	7	3	6
3	1	7	8	6	2	9	5	4
9	6	5	3	7	4	8	1	2
2	7	3	6	8	9	1	4	5
5	4	9	7	2	1	3	6	8
6	8	1	4	5	3	2	7	9

49)

4	2	7	9	8	3	5	6	1
6	3	1	5	4	7	8	2	9
8	5	9	1	2	6	3	4	7
7	9	3	6	5	1	4	8	2
5	8	6	2	7	4	1	9	3
1	4	2	3	9	8	6	7	5
9	1	8	4	3	2	7	5	6
3	7	5	8	6	9	2	1	4
2	6	4	7	1	5	9	3	8

50)

4	9	6	8	7	2	5	1	3
5	2	8	6	1	3	4	9	7
7	3	1	9	5	4	8	6	2
1	4	2	7	3	6	9	5	8
6	5	9	4	2	8	3	7	1
8	7	3	5	9	1	2	4	6
9	8	5	3	6	7	1	2	4
2	6	4	1	8	5	7	3	9
3	1	7	2	4	9	6	8	5

51)

1	3	4	2	5	9	7	6	8
6	5	9	8	7	4	1	3	2
2	8	7	1	3	6	9	5	4
5	4	8	7	9	1	6	2	3
3	9	1	6	2	8	4	7	5
7	2	6	5	4	3	8	9	1
9	6	3	4	1	5	2	8	7
8	1	2	3	6	7	5	4	9
4	7	5	9	8	2	3	1	6

52)

8	1	6	3	5	4	2	9	7
5	4	7	8	2	9	6	3	1
9	3	2	7	1	6	8	4	5
4	7	1	6	3	8	5	2	9
3	8	9	2	4	5	1	7	6
2	6	5	1	9	7	3	8	4
6	9	8	5	7	3	4	1	2
1	5	4	9	8	2	7	6	3
7	2	3	4	6	1	9	5	8

53)

3	2	1	7	9	6	8	4	5
5	6	7	4	2	8	3	1	9
9	4	8	3	5	1	6	2	7
7	8	9	1	4	2	5	6	3
1	5	2	6	7	3	4	9	8
6	3	4	5	8	9	2	7	1
4	1	6	9	3	5	7	8	2
2	9	3	8	6	7	1	5	4
8	7	5	2	1	4	9	3	6

54)

7	6	5	3	9	1	8	2	4
4	3	8	5	7	2	1	9	6
2	1	9	8	4	6	5	7	3
6	8	2	4	1	9	7	3	5
5	7	1	2	8	3	4	6	9
3	9	4	7	6	5	2	1	8
1	5	3	9	2	4	6	8	7
9	2	7	6	5	8	3	4	1
8	4	6	1	3	7	9	5	2

55)

5	3	7	8	9	1	4	6	2
9	2	1	4	6	7	8	3	5
4	6	8	5	2	3	1	7	9
7	4	3	2	5	8	6	9	1
8	5	2	9	1	6	7	4	3
6	1	9	7	3	4	5	2	8
1	7	4	3	8	2	9	5	6
2	9	6	1	4	5	3	8	7
3	8	5	6	7	9	2	1	4

56)

8	5	9	4	3	1	2	6	7
6	7	1	5	8	2	9	4	3
4	2	3	9	7	6	8	5	1
3	9	5	6	2	7	1	8	4
1	4	7	8	9	5	6	3	2
2	8	6	3	1	4	7	9	5
9	3	2	7	4	8	5	1	6
5	1	8	2	6	3	4	7	9
7	6	4	1	5	9	3	2	8

57)

7	2	9	6	3	1	4	5	8
4	6	5	9	8	7	3	1	2
1	3	8	2	5	4	9	7	6
3	1	6	8	9	2	5	4	7
5	9	2	7	4	6	1	8	3
8	4	7	3	1	5	6	2	9
9	8	4	1	7	3	2	6	5
6	5	3	4	2	8	7	9	1
2	7	1	5	6	9	8	3	4

58)

3	5	1	9	4	7	2	6	8
6	4	8	1	5	2	9	7	3
2	9	7	3	8	6	1	4	5
5	1	3	4	2	9	6	8	7
7	2	6	8	1	3	5	9	4
4	8	9	6	7	5	3	1	2
9	3	5	7	6	4	8	2	1
1	6	4	2	3	8	7	5	9
8	7	2	5	9	1	4	3	6

59)

3	1	2	4	9	7	6	5	8
4	8	7	2	5	6	3	9	1
9	6	5	1	3	8	7	2	4
8	9	3	5	7	4	2	1	6
7	2	6	8	1	9	5	4	3
1	5	4	3	6	2	9	8	7
6	3	1	9	8	5	4	7	2
5	4	8	7	2	3	1	6	9
2	7	9	6	4	1	8	3	5

60)

4	1	5	9	3	6	2	7	8
2	7	3	8	4	5	9	6	1
6	9	8	7	2	1	5	4	3
8	3	2	6	9	7	1	5	4
7	4	9	5	1	3	8	2	6
1	5	6	4	8	2	7	3	9
9	2	4	3	7	8	6	1	5
3	6	7	1	5	9	4	8	2
5	8	1	2	6	4	3	9	7

61)

9	1	6	7	3	8	4	5	2
3	4	5	6	1	2	8	7	9
8	2	7	5	9	4	6	1	3
6	7	9	2	8	1	3	4	5
1	3	4	9	5	6	7	2	8
2	5	8	3	4	7	9	6	1
7	6	1	8	2	9	5	3	4
5	8	2	4	7	3	1	9	6
4	9	3	1	6	5	2	8	7

62)

3	1	5	9	4	8	2	6	7
9	2	4	6	7	1	3	5	8
8	6	7	5	3	2	9	1	4
6	7	1	2	8	9	4	3	5
5	3	8	7	6	4	1	2	9
4	9	2	1	5	3	7	8	6
1	8	3	4	9	6	5	7	2
2	5	9	8	1	7	6	4	3
7	4	6	3	2	5	8	9	1

63)

6	2	7	8	4	5	1	3	9
9	1	8	7	3	6	4	5	2
3	5	4	2	9	1	6	8	7
2	9	6	3	1	4	8	7	5
4	3	5	9	7	8	2	6	1
7	8	1	6	5	2	9	4	3
5	4	9	1	6	7	3	2	8
1	7	2	4	8	3	5	9	6
8	6	3	5	2	9	7	1	4

64)

5	1	3	8	7	4	6	9	2
2	6	8	9	1	5	7	4	3
4	9	7	3	6	2	8	5	1
1	3	5	6	9	8	2	7	4
8	2	6	4	3	7	9	1	5
9	7	4	2	5	1	3	6	8
7	8	1	5	2	9	4	3	6
3	5	2	7	4	6	1	8	9
6	4	9	1	8	3	5	2	7

65)

5	3	9	8	7	4	6	2	1
8	7	6	1	2	3	5	9	4
4	1	2	6	9	5	8	7	3
6	9	3	4	5	2	1	8	7
2	4	7	3	1	8	9	5	6
1	5	8	7	6	9	4	3	2
7	8	4	9	3	6	2	1	5
9	2	1	5	4	7	3	6	8
3	6	5	2	8	1	7	4	9

66)

1	2	4	3	5	8	9	7	6
9	7	8	6	4	2	1	3	5
5	6	3	7	1	9	4	8	2
6	9	5	8	3	7	2	1	4
4	3	2	5	9	1	8	6	7
7	8	1	4	2	6	5	9	3
3	5	7	9	8	4	6	2	1
2	4	9	1	6	3	7	5	8
8	1	6	2	7	5	3	4	9

67)

5	7	1	2	4	3	8	6	9
9	6	4	8	1	7	2	5	3
2	8	3	6	5	9	7	1	4
6	1	8	7	9	4	3	2	5
3	2	9	5	6	8	4	7	1
4	5	7	1	3	2	9	8	6
1	9	2	3	7	5	6	4	8
8	4	5	9	2	6	1	3	7
7	3	6	4	8	1	5	9	2

68)

5	1	9	4	2	3	8	6	7
3	2	7	6	8	1	5	9	4
4	6	8	7	5	9	3	2	1
2	8	1	3	4	7	9	5	6
6	5	3	1	9	2	7	4	8
7	9	4	5	6	8	1	3	2
1	4	2	9	7	5	6	8	3
8	7	5	2	3	6	4	1	9
9	3	6	8	1	4	2	7	5

69)

4	9	8	6	5	2	3	1	7
6	5	1	3	7	9	2	4	8
3	2	7	1	4	8	6	9	5
5	6	4	9	2	7	1	8	3
2	8	9	4	1	3	5	7	6
1	7	3	8	6	5	9	2	4
8	3	2	7	9	6	4	5	1
9	1	6	5	8	4	7	3	2
7	4	5	2	3	1	8	6	9

70)

5	9	4	3	6	1	8	7	2
6	7	2	9	8	4	1	5	3
8	1	3	5	2	7	6	4	9
1	2	9	4	5	3	7	8	6
4	8	5	6	7	2	9	3	1
7	3	6	8	1	9	5	2	4
2	5	1	7	4	6	3	9	8
3	4	8	1	9	5	2	6	7
9	6	7	2	3	8	4	1	5

71)

7	5	1	9	3	6	8	4	2
6	8	2	1	4	7	5	3	9
9	4	3	2	5	8	7	6	1
4	3	7	8	1	9	6	2	5
5	2	9	6	7	3	4	1	8
8	1	6	5	2	4	3	9	7
3	9	5	7	6	1	2	8	4
2	6	8	4	9	5	1	7	3
1	7	4	3	8	2	9	5	6

72)

6	5	3	9	2	7	4	1	8
2	4	1	8	6	5	3	7	9
8	9	7	4	3	1	2	5	6
3	6	5	1	4	9	8	2	7
9	1	4	2	7	8	6	3	5
7	8	2	3	5	6	9	4	1
1	3	6	5	9	4	7	8	2
5	2	9	7	8	3	1	6	4
4	7	8	6	1	2	5	9	3

73)

3	6	5	9	4	7	8	2	1
2	8	7	3	1	6	5	9	4
1	4	9	2	8	5	3	7	6
6	7	2	1	9	3	4	5	8
4	9	3	7	5	8	1	6	2
5	1	8	4	6	2	7	3	9
7	3	6	8	2	4	9	1	5
8	2	1	5	7	9	6	4	3
9	5	4	6	3	1	2	8	7

74)

4	1	9	7	8	2	5	6	3
8	2	3	5	9	6	4	1	7
6	7	5	4	3	1	2	9	8
9	4	1	2	7	3	8	5	6
7	3	6	9	5	8	1	4	2
2	5	8	1	6	4	3	7	9
5	8	2	6	4	9	7	3	1
3	9	7	8	1	5	6	2	4
1	6	4	3	2	7	9	8	5

75)

6	7	8	2	9	5	1	4	3
4	5	9	3	8	1	6	7	2
2	1	3	6	7	4	5	8	9
5	2	6	9	1	8	4	3	7
3	4	1	5	2	7	9	6	8
8	9	7	4	6	3	2	5	1
7	6	5	1	3	2	8	9	4
9	3	2	8	4	6	7	1	5
1	8	4	7	5	9	3	2	6

76)

8	6	1	4	3	9	2	7	5
7	4	2	8	5	1	6	3	9
3	9	5	6	7	2	1	4	8
4	5	6	7	1	3	9	8	2
9	1	7	2	4	8	3	5	6
2	3	8	5	9	6	4	1	7
1	8	9	3	6	5	7	2	4
5	7	3	9	2	4	8	6	1
6	2	4	1	8	7	5	9	3

77)

3	4	6	9	5	8	2	1	7
7	1	8	6	4	2	9	3	5
2	9	5	7	1	3	8	4	6
8	5	2	1	3	9	6	7	4
6	7	9	4	2	5	1	8	3
4	3	1	8	7	6	5	9	2
5	2	4	3	8	1	7	6	9
1	6	3	2	9	7	4	5	8
9	8	7	5	6	4	3	2	1

78)

2	8	7	4	9	6	3	1	5
9	3	4	5	1	7	8	6	2
6	1	5	3	2	8	4	7	9
4	2	3	1	6	5	7	9	8
1	9	6	7	8	2	5	4	3
7	5	8	9	3	4	1	2	6
5	4	2	6	7	3	9	8	1
8	7	9	2	5	1	6	3	4
3	6	1	8	4	9	2	5	7

79)

5	9	7	6	1	2	4	3	8
4	3	6	9	5	8	1	7	2
1	2	8	7	4	3	6	9	5
6	5	1	3	9	7	8	2	4
9	8	3	4	2	5	7	1	6
7	4	2	1	8	6	3	5	9
8	1	4	5	3	9	2	6	7
3	6	5	2	7	4	9	8	1
2	7	9	8	6	1	5	4	3

80)

3	7	2	9	8	6	5	1	4
9	5	8	2	4	1	7	3	6
6	1	4	7	5	3	9	8	2
4	6	9	1	7	8	3	2	5
8	3	5	4	2	9	6	7	1
7	2	1	6	3	5	8	4	9
5	4	7	8	9	2	1	6	3
1	8	3	5	6	4	2	9	7
2	9	6	3	1	7	4	5	8

81)

8	5	7	9	6	4	1	3	2
4	2	9	3	1	5	6	8	7
6	3	1	2	7	8	4	5	9
3	7	6	8	4	2	9	1	5
9	8	5	6	3	1	7	2	4
2	1	4	7	5	9	8	6	3
1	9	2	5	8	7	3	4	6
7	6	8	4	2	3	5	9	1
5	4	3	1	9	6	2	7	8

82)

4	8	1	9	3	6	5	2	7
3	5	9	2	7	1	8	6	4
6	2	7	5	8	4	1	3	9
8	3	4	1	9	2	6	7	5
1	7	2	8	6	5	4	9	3
9	6	5	7	4	3	2	1	8
2	1	3	4	5	7	9	8	6
7	4	8	6	1	9	3	5	2
5	9	6	3	2	8	7	4	1

83)

3	4	2	9	7	8	1	6	5
9	5	6	1	4	3	8	7	2
7	8	1	2	5	6	9	3	4
4	9	8	6	3	5	2	1	7
6	1	3	8	2	7	5	4	9
5	2	7	4	9	1	3	8	6
1	7	4	5	8	2	6	9	3
8	3	5	7	6	9	4	2	1
2	6	9	3	1	4	7	5	8

84)

1	5	4	6	3	7	2	9	8
8	7	3	5	2	9	4	6	1
6	9	2	1	4	8	3	5	7
2	8	6	4	9	3	1	7	5
4	1	5	8	7	6	9	3	2
9	3	7	2	1	5	8	4	6
5	6	9	3	8	1	7	2	4
7	2	8	9	6	4	5	1	3
3	4	1	7	5	2	6	8	9

85)

9	5	3	6	1	4	7	2	8
7	6	1	2	5	8	9	3	4
4	2	8	7	9	3	6	5	1
2	1	4	3	8	6	5	9	7
6	9	5	1	2	7	8	4	3
8	3	7	5	4	9	2	1	6
5	7	6	9	3	1	4	8	2
1	8	9	4	7	2	3	6	5
3	4	2	8	6	5	1	7	9

86)

6	3	2	1	5	8	4	7	9
1	7	5	4	2	9	8	6	3
8	9	4	7	3	6	2	5	1
9	5	1	3	6	2	7	4	8
3	8	6	5	4	7	9	1	2
4	2	7	9	8	1	5	3	6
7	1	3	8	9	4	6	2	5
5	6	9	2	7	3	1	8	4
2	4	8	6	1	5	3	9	7

87)

3	4	1	8	9	7	5	6	2
6	5	9	4	2	3	1	8	7
7	8	2	5	6	1	9	3	4
5	6	4	2	8	9	3	7	1
1	7	8	6	3	4	2	9	5
2	9	3	1	7	5	6	4	8
4	3	6	7	1	2	8	5	9
9	1	5	3	4	8	7	2	6
8	2	7	9	5	6	4	1	3

88)

6	1	5	4	9	7	3	8	2
3	4	9	8	2	5	6	1	7
2	8	7	1	6	3	5	4	9
7	2	3	6	5	1	4	9	8
5	6	1	9	8	4	2	7	3
8	9	4	3	7	2	1	5	6
1	7	2	5	3	9	8	6	4
9	5	8	2	4	6	7	3	1
4	3	6	7	1	8	9	2	5

89)

4	5	2	8	3	7	1	9	6
7	8	6	2	1	9	3	5	4
3	9	1	6	5	4	8	7	2
1	2	3	9	7	5	4	6	8
8	6	5	3	4	2	7	1	9
9	7	4	1	6	8	5	2	3
2	4	8	5	9	1	6	3	7
6	1	7	4	2	3	9	8	5
5	3	9	7	8	6	2	4	1

90)

2	9	8	3	4	5	7	1	6
6	7	1	2	8	9	5	4	3
3	4	5	1	7	6	2	9	8
5	2	6	4	3	8	9	7	1
8	3	7	9	5	1	4	6	2
4	1	9	7	6	2	8	3	5
1	8	2	6	9	4	3	5	7
9	6	3	5	2	7	1	8	4
7	5	4	8	1	3	6	2	9

91)

5	3	2	7	6	1	9	4	8
7	1	9	8	4	5	2	6	3
4	8	6	9	2	3	7	5	1
3	6	4	2	5	8	1	7	9
2	7	8	4	1	9	6	3	5
9	5	1	3	7	6	8	2	4
8	2	7	5	9	4	3	1	6
1	9	5	6	3	2	4	8	7
6	4	3	1	8	7	5	9	2

92)

4	9	6	5	2	7	8	1	3
3	5	7	8	1	6	9	4	2
1	8	2	4	3	9	6	7	5
5	7	4	2	9	8	3	6	1
6	3	9	1	7	4	5	2	8
2	1	8	3	6	5	4	9	7
8	2	3	6	4	1	7	5	9
9	6	5	7	8	2	1	3	4
7	4	1	9	5	3	2	8	6

93)

4	3	8	2	9	1	6	7	5
5	6	7	3	4	8	1	9	2
1	9	2	6	5	7	4	8	3
2	8	1	4	3	9	7	5	6
3	5	4	7	2	6	9	1	8
6	7	9	8	1	5	3	2	4
9	2	5	1	6	4	8	3	7
8	4	3	9	7	2	5	6	1
7	1	6	5	8	3	2	4	9

94)

7	6	9	8	2	3	4	5	1
2	4	3	1	5	9	7	8	6
5	1	8	4	6	7	9	2	3
8	3	1	2	7	5	6	9	4
4	7	2	9	1	6	8	3	5
6	9	5	3	8	4	2	1	7
1	8	4	7	3	2	5	6	9
9	2	6	5	4	1	3	7	8
3	5	7	6	9	8	1	4	2

95)

3	4	6	8	5	1	7	9	2
5	8	1	9	7	2	6	3	4
7	2	9	6	4	3	8	1	5
8	5	2	7	3	4	9	6	1
4	6	3	1	8	9	2	5	7
9	1	7	5	2	6	3	4	8
1	7	4	3	6	8	5	2	9
2	3	8	4	9	5	1	7	6
6	9	5	2	1	7	4	8	3

96)

8	5	4	7	9	6	2	1	3
1	9	7	2	5	3	8	4	6
6	2	3	1	8	4	7	9	5
2	3	9	6	1	7	5	8	4
7	1	6	8	4	5	3	2	9
4	8	5	3	2	9	1	6	7
3	4	1	5	6	2	9	7	8
9	7	2	4	3	8	6	5	1
5	6	8	9	7	1	4	3	2

97)

9	8	3	5	4	7	2	1	6
2	6	4	1	9	8	5	7	3
7	5	1	2	3	6	9	8	4
1	3	8	9	2	4	7	6	5
6	4	9	7	1	5	8	3	2
5	2	7	8	6	3	4	9	1
3	1	5	4	7	9	6	2	8
8	9	6	3	5	2	1	4	7
4	7	2	6	8	1	3	5	9

98)

7	3	2	9	4	8	1	6	5
4	6	9	1	5	2	7	3	8
5	8	1	6	3	7	4	2	9
3	1	7	5	8	6	2	9	4
6	9	8	2	1	4	5	7	3
2	5	4	3	7	9	8	1	6
8	2	6	4	9	1	3	5	7
9	7	3	8	2	5	6	4	1
1	4	5	7	6	3	9	8	2

99)

7	9	4	5	6	3	8	1	2
6	8	1	4	2	7	5	9	3
3	2	5	1	8	9	6	7	4
8	3	2	7	1	4	9	5	6
5	6	7	2	9	8	4	3	1
4	1	9	6	3	5	2	8	7
1	5	8	3	4	6	7	2	9
9	4	3	8	7	2	1	6	5
2	7	6	9	5	1	3	4	8

100)

3	9	4	6	8	2	7	5	1
7	6	1	5	9	4	3	8	2
2	5	8	3	7	1	9	6	4
6	4	7	9	3	8	2	1	5
5	1	2	7	4	6	8	9	3
9	8	3	1	2	5	6	4	7
1	7	6	2	5	9	4	3	8
8	3	5	4	6	7	1	2	9
4	2	9	8	1	3	5	7	6

101)

4	6	8	5	7	1	9	2	3
3	9	1	8	4	2	6	7	5
2	7	5	9	3	6	4	1	8
1	8	7	4	6	9	3	5	2
6	4	3	1	2	5	8	9	7
9	5	2	7	8	3	1	4	6
7	1	6	3	5	4	2	8	9
5	2	9	6	1	8	7	3	4
8	3	4	2	9	7	5	6	1

102)

3	4	8	1	2	5	9	6	7
9	5	6	7	3	8	1	4	2
1	2	7	4	9	6	8	5	3
7	3	9	2	1	4	6	8	5
6	1	2	8	5	7	4	3	9
4	8	5	3	6	9	2	7	1
2	7	4	5	8	1	3	9	6
8	6	3	9	7	2	5	1	4
5	9	1	6	4	3	7	2	8

103)

7	9	6	2	4	3	5	8	1
5	2	8	9	7	1	6	4	3
4	3	1	5	8	6	9	7	2
9	1	2	7	5	8	4	3	6
8	7	3	6	9	4	1	2	5
6	4	5	3	1	2	7	9	8
2	6	4	1	3	9	8	5	7
3	8	7	4	6	5	2	1	9
1	5	9	8	2	7	3	6	4

104)

3	1	5	8	6	2	4	9	7
6	2	9	1	7	4	8	3	5
7	8	4	5	9	3	1	2	6
4	5	1	7	2	8	3	6	9
2	9	3	6	4	5	7	1	8
8	7	6	9	3	1	2	5	4
9	6	2	3	8	7	5	4	1
5	4	8	2	1	9	6	7	3
1	3	7	4	5	6	9	8	2

105)

4	6	3	5	2	9	8	1	7
7	2	5	1	3	8	4	6	9
8	1	9	7	4	6	5	2	3
9	3	7	6	5	4	2	8	1
2	8	6	9	1	3	7	4	5
5	4	1	8	7	2	3	9	6
6	7	8	2	9	5	1	3	4
1	9	4	3	8	7	6	5	2
3	5	2	4	6	1	9	7	8

106)

8	4	3	7	6	9	1	5	2
2	1	9	4	5	8	6	7	3
6	7	5	1	3	2	9	4	8
1	8	2	5	7	4	3	6	9
4	9	6	2	1	3	5	8	7
5	3	7	8	9	6	2	1	4
3	5	1	9	8	7	4	2	6
9	2	8	6	4	1	7	3	5
7	6	4	3	2	5	8	9	1

107)

5	4	8	7	9	3	2	6	1
1	2	6	8	5	4	3	7	9
7	9	3	6	1	2	5	4	8
9	7	2	4	3	8	1	5	6
8	1	4	5	7	6	9	2	3
3	6	5	1	2	9	7	8	4
6	5	7	9	8	1	4	3	2
2	8	9	3	4	5	6	1	7
4	3	1	2	6	7	8	9	5

108)

7	9	4	6	8	3	2	1	5
8	3	2	5	1	4	9	7	6
1	6	5	9	2	7	4	8	3
6	1	7	3	4	8	5	9	2
4	8	9	2	6	5	7	3	1
5	2	3	7	9	1	8	6	4
3	7	6	4	5	9	1	2	8
9	5	1	8	3	2	6	4	7
2	4	8	1	7	6	3	5	9

109)

7	2	9	1	6	4	5	8	3
8	4	3	7	5	9	2	1	6
5	6	1	8	3	2	7	4	9
6	8	7	9	1	5	4	3	2
2	3	4	6	7	8	1	9	5
9	1	5	2	4	3	6	7	8
1	5	8	4	9	6	3	2	7
4	9	6	3	2	7	8	5	1
3	7	2	5	8	1	9	6	4

110)

8	6	2	9	3	4	7	1	5
9	7	1	2	5	6	8	3	4
4	3	5	8	1	7	2	6	9
6	2	8	5	7	1	9	4	3
3	5	4	6	2	9	1	7	8
1	9	7	3	4	8	5	2	6
5	4	6	1	9	2	3	8	7
7	1	9	4	8	3	6	5	2
2	8	3	7	6	5	4	9	1

111)

4	1	8	6	3	5	9	7	2
9	2	5	4	7	8	6	1	3
7	3	6	1	2	9	8	4	5
6	9	2	7	1	4	5	3	8
5	4	3	8	9	6	1	2	7
8	7	1	2	5	3	4	9	6
2	5	9	3	8	1	7	6	4
3	8	4	9	6	7	2	5	1
1	6	7	5	4	2	3	8	9

112)

6	2	3	7	9	4	8	1	5
1	5	8	6	2	3	4	9	7
4	7	9	8	1	5	6	3	2
5	1	7	4	6	9	3	2	8
8	6	2	5	3	7	1	4	9
9	3	4	2	8	1	5	7	6
3	4	6	9	5	2	7	8	1
7	9	5	1	4	8	2	6	3
2	8	1	3	7	6	9	5	4

113)

9	3	6	8	2	1	5	7	4
7	1	8	5	3	4	6	2	9
5	2	4	9	7	6	3	8	1
8	5	1	3	9	2	7	4	6
2	7	3	4	6	5	9	1	8
4	6	9	1	8	7	2	5	3
1	4	2	6	5	3	8	9	7
3	9	7	2	4	8	1	6	5
6	8	5	7	1	9	4	3	2

114)

2	7	1	8	6	4	9	3	5
6	5	3	9	7	2	8	1	4
8	9	4	1	5	3	2	7	6
9	2	5	3	1	6	7	4	8
3	6	7	4	8	9	1	5	2
1	4	8	7	2	5	6	9	3
5	1	9	2	3	8	4	6	7
4	8	6	5	9	7	3	2	1
7	3	2	6	4	1	5	8	9

115)

2	1	8	9	3	7	6	4	5
7	5	4	6	8	1	2	3	9
6	9	3	2	4	5	8	7	1
9	8	5	7	6	4	1	2	3
4	2	1	8	5	3	7	9	6
3	7	6	1	9	2	5	8	4
5	3	2	4	7	6	9	1	8
1	4	9	5	2	8	3	6	7
8	6	7	3	1	9	4	5	2

116)

5	3	8	4	6	2	7	1	9
7	9	1	5	8	3	2	4	6
2	4	6	9	1	7	5	8	3
9	1	2	3	5	4	8	6	7
6	5	3	2	7	8	4	9	1
4	8	7	6	9	1	3	2	5
8	2	5	1	3	9	6	7	4
1	6	4	7	2	5	9	3	8
3	7	9	8	4	6	1	5	2

117)

2	3	4	8	6	7	5	1	9
6	9	7	5	1	4	2	3	8
8	1	5	9	3	2	6	4	7
4	7	8	6	5	1	3	9	2
1	2	9	3	4	8	7	5	6
5	6	3	7	2	9	1	8	4
9	4	6	1	7	3	8	2	5
3	5	2	4	8	6	9	7	1
7	8	1	2	9	5	4	6	3

118)

5	3	6	9	7	2	1	4	8
1	9	8	6	4	5	2	7	3
2	7	4	8	1	3	5	9	6
7	6	9	5	2	1	8	3	4
8	2	3	4	9	6	7	1	5
4	1	5	3	8	7	6	2	9
9	4	7	1	5	8	3	6	2
3	8	2	7	6	9	4	5	1
6	5	1	2	3	4	9	8	7

119)

5	3	9	2	4	1	6	7	8
6	1	4	9	7	8	3	2	5
8	7	2	3	6	5	1	9	4
2	6	1	4	9	7	8	5	3
3	8	7	5	1	6	2	4	9
9	4	5	8	2	3	7	1	6
1	5	6	7	3	4	9	8	2
7	9	8	6	5	2	4	3	1
4	2	3	1	8	9	5	6	7

120)

3	8	9	5	6	2	7	1	4
7	6	4	1	8	9	5	2	3
1	2	5	3	4	7	6	8	9
6	4	2	7	3	8	9	5	1
5	3	8	4	9	1	2	6	7
9	7	1	2	5	6	3	4	8
4	5	7	8	2	3	1	9	6
8	1	6	9	7	5	4	3	2
2	9	3	6	1	4	8	7	5

121)

4	1	2	7	6	3	5	9	8
9	6	7	5	4	8	2	3	1
3	8	5	1	2	9	7	4	6
2	3	8	4	9	5	1	6	7
5	7	1	3	8	6	9	2	4
6	9	4	2	1	7	8	5	3
1	5	6	9	7	4	3	8	2
7	4	9	8	3	2	6	1	5
8	2	3	6	5	1	4	7	9

122)

2	3	5	7	9	4	1	8	6
4	6	9	8	1	3	5	7	2
7	8	1	2	5	6	9	3	4
8	5	4	3	7	2	6	1	9
3	2	7	9	6	1	4	5	8
1	9	6	5	4	8	3	2	7
5	4	8	1	2	9	7	6	3
9	1	3	6	8	7	2	4	5
6	7	2	4	3	5	8	9	1

123)

6	3	1	9	4	7	8	5	2
4	5	8	6	2	1	3	9	7
2	7	9	5	8	3	6	1	4
3	9	2	7	5	4	1	6	8
1	4	6	2	9	8	5	7	3
7	8	5	1	3	6	2	4	9
8	6	4	3	1	9	7	2	5
9	2	7	8	6	5	4	3	1
5	1	3	4	7	2	9	8	6

124)

1	7	9	6	8	2	3	5	4
2	4	8	3	7	5	6	1	9
6	3	5	9	1	4	2	7	8
3	9	1	7	4	8	5	2	6
4	2	7	5	3	6	9	8	1
5	8	6	1	2	9	7	4	3
9	1	3	8	5	7	4	6	2
8	5	4	2	6	3	1	9	7
7	6	2	4	9	1	8	3	5

SUDOKU 10X10 GAMES

125)

0	4	9	6	5	8	3	7	2	1
7	1	3	2	8	5	6	9	4	0
6	3	5	7	0	1	9	2	8	4
8	9	2	1	4	6	7	5	0	3
3	7	8	9	2	0	4	1	6	5
4	5	6	0	1	7	2	8	3	9
9	8	0	4	6	2	1	3	5	7
5	2	1	3	7	4	8	0	9	6
1	0	4	8	3	9	5	6	7	2
2	6	7	5	9	3	0	4	1	8

126)

8	6	2	3	0	7	5	4	9	1
5	1	7	4	9	3	6	8	2	0
6	9	8	1	2	0	7	3	5	4
0	7	3	5	4	6	8	9	1	2
9	2	4	8	5	1	0	6	7	3
3	0	6	7	1	8	2	5	4	9
2	5	0	6	3	9	4	1	8	7
4	8	1	9	7	5	3	2	0	6
1	4	5	0	6	2	9	7	3	8
7	3	9	2	8	4	1	0	6	5

127)

8	1	7	3	4	0	2	6	9	5
5	6	0	2	9	8	7	4	3	1
6	9	8	5	2	3	4	1	0	7
3	0	1	4	7	2	5	9	8	6
9	7	4	1	3	6	8	5	2	0
2	5	6	8	0	4	3	7	1	9
4	2	9	0	5	1	6	3	7	8
1	8	3	7	6	5	9	0	4	2
7	3	2	6	1	9	0	8	5	4
0	4	5	9	8	7	1	2	6	3

128)

5	1	3	9	8	0	2	6	4	7
2	0	7	6	4	1	3	5	9	8
6	3	4	1	2	7	9	0	8	5
9	8	0	7	5	3	1	4	6	2
1	7	2	4	6	9	5	8	3	0
3	9	5	8	0	4	6	7	2	1
7	2	9	5	1	6	8	3	0	4
4	6	8	0	3	2	7	1	5	9
8	4	1	3	9	5	0	2	7	6
0	5	6	2	7	8	4	9	1	3

129)

0	6	3	1	9	5	7	4	2	8
7	4	5	2	8	1	0	3	6	9
1	9	7	3	2	6	5	0	8	4
6	0	8	4	5	3	1	2	9	7
5	7	0	6	4	2	9	8	1	3
9	3	2	8	1	4	6	7	5	0
4	5	1	7	3	9	8	6	0	2
8	2	6	9	0	7	4	1	3	5
2	8	4	5	6	0	3	9	7	1
3	1	9	0	7	8	2	5	4	6

130)

0	5	1	7	3	4	8	9	2	6
9	8	6	2	4	0	5	3	7	1
4	1	8	9	7	3	2	0	6	5
5	0	2	3	6	7	9	8	1	4
1	4	5	6	9	2	0	7	3	8
7	3	0	8	2	5	6	1	4	9
2	6	9	1	5	8	7	4	0	3
8	7	3	4	0	6	1	5	9	2
6	9	4	0	8	1	3	2	5	7
3	2	7	5	1	9	4	6	8	0

SUDOKU 12X12 GAMES

131)

5	2	4	3	6	9	8	1	C	A	B	7
7	6	C	9	4	A	5	B	3	2	1	8
A	1	8	B	C	3	7	2	9	5	4	6
1	4	5	6	B	7	9	8	2	3	C	A
B	7	3	A	2	C	6	4	5	9	8	1
9	8	2	C	1	5	A	3	B	7	6	4
2	C	6	5	8	1	4	9	A	B	7	3
4	3	B	7	5	6	C	A	8	1	2	9
8	9	A	1	3	B	2	7	4	6	5	C
C	5	1	4	A	2	3	6	7	8	9	B
3	B	9	2	7	8	1	C	6	4	A	5
6	A	7	8	9	4	B	5	1	C	3	2

132)

A	6	9	1	C	2	3	7	B	8	4	5
C	3	5	8	4	B	9	6	1	7	A	2
4	2	7	B	8	1	A	5	3	6	9	C
3	1	A	9	B	C	7	4	2	5	8	6
2	4	C	5	6	3	8	9	A	B	7	1
6	8	B	7	5	A	1	2	9	3	C	4
1	B	2	A	7	9	6	3	C	4	5	8
7	9	8	4	1	5	C	B	6	A	2	3
5	C	3	6	A	4	2	8	7	9	1	B
8	A	6	2	3	7	5	1	4	C	B	9
B	5	1	C	9	6	4	A	8	2	3	7
9	7	4	3	2	8	B	C	5	1	6	A

133)

3	4	C	B	6	9	A	2	1	5	8	7
6	A	5	7	4	1	8	3	9	2	C	B
9	2	8	1	C	5	7	B	3	6	4	A
5	1	7	9	B	C	2	8	6	3	A	4
4	6	3	C	A	7	5	1	B	8	9	2
2	B	A	8	9	3	6	4	C	1	7	5
1	8	4	2	3	6	C	A	7	B	5	9
B	3	9	A	5	4	1	7	8	C	2	6
C	7	6	5	2	8	B	9	A	4	3	1
7	C	2	3	1	A	4	6	5	9	B	8
A	5	B	6	8	2	9	C	4	7	1	3
8	9	1	4	7	B	3	5	2	A	6	C

134)

4	5	3	2	9	A	C	1	7	6	8	B
9	8	6	7	B	4	3	2	A	1	5	C
1	C	B	A	8	7	5	6	2	4	3	9
3	9	A	5	6	B	8	C	4	2	1	7
6	1	4	C	A	5	2	7	B	3	9	8
7	B	2	8	1	3	4	9	C	5	6	A
5	4	9	B	2	6	A	8	3	C	7	1
2	7	C	1	3	9	B	4	5	8	A	6
A	6	8	3	C	1	7	5	9	B	2	4
C	A	1	9	4	2	6	3	8	7	B	5
8	2	7	6	5	C	9	B	1	A	4	3
B	3	5	4	7	8	1	A	6	9	C	2

135)

4	A	6	B	7	8	9	C	5	1	3	2
C	9	7	1	2	3	5	6	B	A	4	8
3	2	8	5	4	1	B	A	9	7	C	6
8	1	3	9	6	5	A	2	4	B	7	C
5	6	2	C	B	4	7	3	8	9	1	A
B	7	4	A	1	C	8	9	3	2	6	5
9	3	5	6	C	B	2	8	1	4	A	7
7	B	C	8	A	9	4	1	6	5	2	3
1	4	A	2	3	7	6	5	C	8	B	9
A	8	B	4	9	6	C	7	2	3	5	1
6	5	1	7	8	2	3	B	A	C	9	4
2	C	9	3	5	A	1	4	7	6	8	B

136)

B	3	A	C	5	1	6	8	4	7	2	9
7	8	9	1	4	2	C	3	5	B	A	6
5	4	2	6	A	9	B	7	3	8	1	C
1	2	B	5	C	A	4	9	8	6	3	7
4	7	3	A	B	8	2	6	9	1	C	5
9	C	6	8	3	7	1	5	A	2	4	B
6	B	8	2	9	3	5	1	C	4	7	A
3	1	7	9	8	C	A	4	6	5	B	2
A	5	C	4	2	6	7	B	1	9	8	3
2	9	4	B	1	5	3	C	7	A	6	8
8	6	1	3	7	B	9	A	2	C	5	4
C	A	5	7	6	4	8	2	B	3	9	1

JIGSAW 5X5 GAMES

137)

3	2	4	1	5
5	4	3	2	1
1	5	2	4	3
2	3	1	5	4
4	1	5	3	2

138)

3	2	1	5	4
4	5	2	3	1
1	4	5	2	3
5	3	4	1	2
2	1	3	4	5

JIGSAW 6X6 GAMES

139)

1	3	6	5	2	4
2	5	3	1	4	6
6	1	4	2	5	3
3	6	2	4	1	5
5	4	1	3	6	2
4	2	5	6	3	1

140)

3	4	1	5	2	6
5	2	6	1	3	4
2	5	3	4	6	1
1	6	4	2	5	3
4	3	5	6	1	2
6	1	2	3	4	5

SAMURAI SUDOKU

141)

```
1 4 5 6 2 3
2 5 3 4 1 6
6 3 2 1 4 5
5 1 4 3 6 2 5 1
3 6 1 2 5 4 3 6
4 2 6 5 3 1 2 4
      2 4 1 3 6 5 4 2
      5 1 2 6 4 3 5 1
      3 6 4 5 1 2 6 3
               3 2 5 4 1 6
               5 1 3 6 2 4
               6 4 2 1 3 5
```

142)

```
5 4 1 3 6 2
1 6 2 4 5 3
2 3 5 6 4 1
3 5 4 2 1 6 5 3
6 1 3 5 2 4 1 6
4 2 6 1 3 5 4 2
      1 3 5 2 6 4 3 1
      5 6 4 3 2 1 5 6
      2 4 6 1 3 5 4 2
               1 4 5 6 2 3
               3 6 4 2 1 5
               2 5 1 3 6 4
```

ODD-EVEN SUDOKU

143)

9	4	5	3	2	1	8	7	6
8	7	2	5	4	6	9	3	1
1	6	3	7	9	8	4	5	2
6	5	9	8	3	4	1	2	7
2	3	1	9	6	7	5	4	8
7	8	4	1	5	2	3	6	9
4	1	8	2	7	5	6	9	3
5	9	7	6	8	3	2	1	4
3	2	6	4	1	9	7	8	5

144)

9	2	6	4	8	5	7	1	3
7	1	8	2	3	6	9	4	5
3	5	4	7	9	1	6	8	2
4	6	9	1	7	3	2	5	8
1	8	7	5	6	2	3	9	4
2	3	5	9	4	8	1	7	6
6	7	3	8	5	9	4	2	1
8	4	2	6	1	7	5	3	9
5	9	1	3	2	4	8	6	7

TRIO SUDOKU

145)

1	(7)	3	4	(8)	2	5	6	(9)
4	6	5	(7)	1	(9)	(8)	3	2
(8)	(9)	2	6	3	5	4	1	(7)
2	(8)	4	5	(9)	6	3	(7)	1
(9)	3	6	1	(7)	(8)	2	5	4
(7)	5	1	2	4	3	(9)	(8)	6
5	4	(9)	3	6	1	(7)	2	(8)
3	1	(7)	(8)	2	4	6	(9)	5
6	2	(8)	(9)	5	(7)	1	4	3

146)

(8)	2	(7)	1	3	4	5	6	(9)
6	(9)	1	5	(8)	2	3	4	(7)
3	4	5	(9)	(7)	6	1	(8)	2
(9)	6	3	(8)	1	5	(7)	2	4
5	1	2	4	(9)	(7)	6	3	(8)
(7)	(8)	4	6	2	3	(9)	5	1
2	3	(9)	(7)	6	(8)	4	1	5
1	5	(8)	3	4	(9)	2	(7)	6
4	(7)	6	2	5	1	(8)	(9)	3

ANTI-KING SUDOKU

147)

4	3	2	1	9	7	8	6	5
6	7	9	5	8	2	4	1	3
5	1	8	4	3	6	9	7	2
2	4	6	9	7	1	3	5	8
8	5	1	3	6	4	7	2	9
3	9	7	8	2	5	1	4	6
7	8	5	6	4	9	2	3	1
9	6	4	2	1	3	5	8	7
1	2	3	7	5	8	6	9	4

148)

9	1	2	7	6	5	4	8	3
6	8	5	3	4	1	9	7	2
7	3	4	9	2	8	5	6	1
4	2	7	5	3	6	1	9	8
8	6	9	1	7	2	3	5	4
1	5	3	8	9	4	7	2	6
2	9	1	6	5	3	8	4	7
5	4	8	2	1	7	6	3	9
3	7	6	4	8	9	2	1	5

SLASHED SUDOKU

149)

1	5	3	2	6	7	9	8	4
2	4	6	8	3	9	1	5	7
7	8	9	4	5	1	2	6	3
8	2	5	3	7	4	6	1	9
3	6	1	9	2	8	7	4	5
9	7	4	6	1	5	3	2	8
5	3	2	7	4	6	8	9	1
6	1	8	5	9	3	4	7	2
4	9	7	1	8	2	5	3	6

150)

4	8	2	3	9	6	5	7	1
3	7	9	5	1	2	4	8	6
5	1	6	4	7	8	3	9	2
2	3	8	1	5	4	9	6	7
6	9	4	2	3	7	1	5	8
1	5	7	8	6	9	2	3	4
7	4	3	6	2	5	8	1	9
8	6	5	9	4	1	7	2	3
9	2	1	7	8	3	6	4	5

SUDOKU-X

151)

6	2	4	1	9	3	7	5	8
7	1	8	2	4	5	9	6	3
5	9	3	8	6	7	2	1	4
3	5	2	7	8	9	1	4	6
8	7	1	6	5	4	3	9	2
4	6	9	3	1	2	8	7	5
9	8	7	5	2	6	4	3	1
2	4	6	9	3	1	5	8	7
1	3	5	4	7	8	6	2	9

152)

2	9	8	1	7	6	4	5	3
6	3	1	4	5	2	8	9	7
7	4	5	3	8	9	1	2	6
8	5	4	9	1	7	6	3	2
1	6	2	5	4	3	9	7	8
9	7	3	2	6	8	5	1	4
3	1	6	8	2	5	7	4	9
4	8	9	7	3	1	2	6	5
5	2	7	6	9	4	3	8	1

WINDOKU

153)

5	2	6	7	3	9	1	8	4
9	1	3	5	4	8	6	7	2
8	7	4	6	1	2	5	9	3
7	9	2	8	6	4	3	1	5
1	3	5	9	2	7	4	6	8
4	6	8	3	5	1	9	2	7
3	4	7	2	9	6	8	5	1
2	5	9	1	8	3	7	4	6
6	8	1	4	7	5	2	3	9

154)

9	5	2	7	8	1	3	4	6
3	7	1	6	2	4	8	5	9
6	8	4	9	5	3	2	1	7
4	3	5	2	1	7	9	6	8
7	6	9	4	3	8	5	2	1
1	2	8	5	9	6	7	3	4
5	9	7	1	6	2	4	8	3
8	4	6	3	7	5	1	9	2
2	1	3	8	4	9	6	7	5

EXTRA REGIONS

155)

8	7	6	9	2	3	1	5	4
3	5	9	4	6	1	2	7	8
1	2	4	5	7	8	6	3	9
5	3	1	8	9	4	7	6	2
9	8	7	2	3	6	5	4	1
6	4	2	7	1	5	9	8	3
7	9	5	3	8	2	4	1	6
2	6	8	1	4	7	3	9	5
4	1	3	6	5	9	8	2	7

156)

8	6	2	4	3	1	9	7	5
4	3	1	7	9	5	8	6	2
7	5	9	8	6	2	4	3	1
3	4	7	6	2	8	5	1	9
2	9	8	5	1	7	6	4	3
6	1	5	3	4	9	2	8	7
1	2	3	9	8	4	7	5	6
9	7	4	1	5	6	3	2	8
5	8	6	2	7	3	1	9	4

157)

4	3	5	7	8	1	9	6	2
6	8	1	4	9	2	5	7	3
7	9	2	6	5	3	4	1	8
3	5	8	9	1	7	6	2	4
1	2	7	3	6	4	8	9	5
9	6	4	8	2	5	7	3	1
8	7	3	2	4	9	1	5	6
5	4	9	1	3	6	2	8	7
2	1	6	5	7	8	3	4	9

ARGYLE SUDOKU

158)

9	5	4	3	1	7	6	8	2
7	1	6	8	2	4	9	5	3
8	2	3	9	5	6	7	1	4
3	6	5	1	7	9	4	2	8
2	7	9	4	3	8	1	6	5
4	8	1	2	6	5	3	9	7
6	3	7	5	8	1	2	4	9
5	4	2	6	9	3	8	7	1
1	9	8	7	4	2	5	3	6

159)

5	7	4	8	3	9	1	2	6
1	9	3	4	6	2	8	5	7
6	8	2	1	7	5	4	9	3
4	1	5	6	9	8	3	7	2
8	2	7	3	5	4	6	1	9
9	3	6	7	2	1	5	8	4
3	4	9	5	8	7	2	6	1
7	5	1	2	4	6	9	3	8
2	6	8	9	1	3	7	4	5

3-D SUDOKU STAR

160)

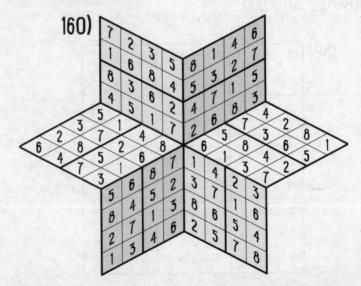

161)

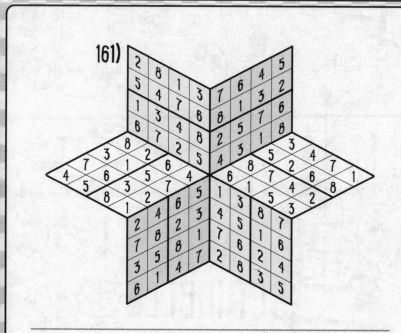

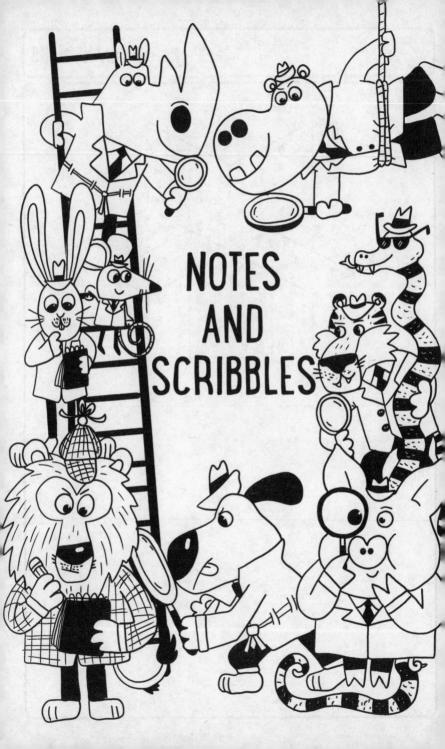

NOTES
AND
SCRIBBLES

NOTES AND SCRIBBLES →

ALSO AVAILABLE:

ISBN 9781780557106

ISBN 9781780557403

ISBN 9781780556642

ISBN 9781780556635

ISBN 9781780556628

ISBN 9781780556543

ISBN 9781780556185

ISBN 9781780556192

ISBN 9781780556208

ISBN 9781780555935

ISBN 9781780555638

ISBN 9781780554730

ISBN 9781780555621

ISBN 9781780554723

ISBN 9781780555409

ISBN 9781780553146

ISBN 9781780553078

ISBN 9781780553085

ISBN 9781780552491